JN333861

Katsuya Ureshino
嬉野克也 著

忙しい人の TOEIC® テストと ビジネス英語の 同時学習法

TOEIC is a registered trademark of Educational Testing Service (ETS).
This publication is not endorsed or approved by ETS.

クロスメディア・ランゲージ

はじめに

普通のサラリーマンの僕が、
英語で仕事ができるようになった理由

東京都内、某企業の会議室。

緊張した面持ちで、40歳を前にした1人の普通のサラリーマンが、外国人を含む十数名の参加者を前に、英語で報告しています。

参加者からの質問にも何とか答えることができ、やりとりの中で笑いも生まれ、無事に役目を果たすことができた彼の表情は、今まで経験したことのないような充実感と興奮、感動に満ちていました。

この、無我夢中で英語の会議を進行していたサラリーマンが、ついこの間の僕です。

そして、周りの人たちにとってはきっと何気なく過ぎた一場面でしたが、これこそ、留学経験も英語圏の国への旅行経験も、仕事で英語を強いられる機会もないままに、**36歳から英語学習を始めた普通のサラリーマンの僕**が、当初は到底無理だろうと思っていた**「英語を仕事に活かす」という希望を叶えられた**と実感した瞬間でした。

僕は、中学・高校・大学とバンド活動に明け暮れていたため、英語を含めて勉強はろくにしていませんでした。

英語を使えるようになりたいという想いは心のどこかで持ちながらも、ほとんど諦めて、30代後半まで過ごしていました。

ところが、36歳のときに一念発起して英語学習に取り組んだところ、**若くなくても、外資系企業に勤めていなくても、普通の会社員が英語を仕事に活かすことは可能だ**ということがわかってきました。

本屋さんに行けばTOEIC対策書をはじめとしたいい教材がたくさんありますし、スマートフォンやパソコンでいつでもどこでも英語を読んだり聴いたりすることができます。TwitterやFacebookといったSNSで外国人と英語でメッセージを送り合うこともできますし、オンライン英会話を使えば月額数千円で毎日英会話をすることだってできます。

これらをうまく活用すれば、**特別な環境がなくても、つらい思いをしなくても、楽しみながら、ビジネススキルとしての英語を身につけることができる**のです。

本書には、その具体的な方法と考え方を、余すところなく書きました。

冒頭の**ゾクゾクするような充実感を、次はあなたが手に入れる番です。**

それでは、さっそく始めましょう。

Contents

第2章

項目別、ビジネススキルとしての英語学習戦略

語彙

文法

リスニング

リーディング

音読

ライティング

スピーキング

第3章
1年でTOEIC800点の目標達成！ 四半期ごとの学習スケジュール

第4章
TOEICで900点突破を狙う あなたのための集中コース

おわりに

〈付録〉

第1章

「いつか英語で仕事がしたい!」それが英語学習の原動力

まずは、英語を使っている自分を妄想してニヤニヤすることから始める

仕事に活かす英語学習についてお話しする前に、あなたにぜひやっていただきたいことがあります。

それは、**英語を使えるようになった自分を妄想して、思う存分ニヤニヤする**ことです。それも、できる限りはっきりと、具体的に妄想するのです。

例えば……。

外資系企業に転職して、英語のミーティングでアイデアを出しながら、国籍を超えてプロジェクトを進めていく姿とか。

英語でマニュアルを作成し、他国の支社に向けてグローバルにシェアする姿とか。

英語での電話対応を終えた後、同僚から尊敬の眼差しで見られる姿とか。

ではなぜ、英語の勉強を始める前に、そんな妄想が必要なのでしょうか？　理由は３つあります。

●理由１

「人間が想像できることは、人間が必ず実現できる」

これは、フランスの作家、ジュール・ヴェルヌの名言です。

彼が19世紀後半に発表した『月世界旅行』は、巨大な大砲の砲弾に人間が乗って月へ飛ぶという内容です。

当時、「人が月に行く」というのはサイエンス・フィクションとして描かれた空想でしたが、100年後にはNASAがアポロ計画で有人宇宙飛行、月面着陸を成功させ、現実のものとなりました。

また、今やスマホの普及率は62.6%（総務省：情報通信白書平成26年版より）で、スマホは5人のうち3人が持っているほど当たり前のものになりましたが、ほんの10年前には、こんな超高性能な情報端末を気軽に使えるなど想像もしなかった人が多いのではないでしょうか。

でも、Appleの共同創設者スティーブ・ジョブズ氏や、iPhoneを開発した関係者たちは、その存在を確実に想像できていたはずです。

このことは、英語学習にも当てはめることができます。**あなた自身が仕事で英語を使ってバリバリ活躍している姿を明確に想像（妄想）できれば、それはきっと実現する**し、逆に想像(妄想)すらできなければ、実現は難しいでしょう。

だからこそ、まずは妄想が大切というわけです。

理由2

次に、妄想によって、**英語学習を続ける原動力を作る**ためです。

英語を仕事で使えるようになるまでには、ある程度の時間が必要になります。

その間、学習時間を確保するために今までやっていた他のことをやめる必要が生じたり、勉強をしてもなかなか成長が感じられなかったり、やる気が全然出なかったりと、いろいろなハードルが現れてくるものです。

そんなときに、この**「英語を使って活躍している、なりたい自分の姿」が、英語学習をやめてしまわないための、強力なエンジンになります。**

● 理由3

仕事に活かす英語を効率よく身につけるために欠かせない**「目標設定」の根っこになるのが、「妄想」**です。

なぜ「目標設定」が欠かせないかというと、**「どんな場面でどんな用途でどんな英語を使うのか」を絞り込んで学習したほうが、明らかに効率的だから**です。

「目標設定」というと堅苦しく聞こえたり、難しく感じたりするかもしれませんね。

でも、「なりたい自分を妄想してニヤニヤする」と聞くと、一気に簡単に感じられ、ワクワクしてきませんか？

これは、英語学習に直接関係ないように思えるかもしれませんが、英語を使えるようになるのにとても大事なことですので、最初に書きました。

たっぷり妄想を楽しんだら、次のページをめくってくださいね。

まとめ

- 妄想は、現実化する！
- 妄想は、モチベーションの素を作る！
- 妄想は、目標設定の根っこになる！

今から始めても遅くない、英語を仕事に活かせる理由

普通のビジネス現場での、グローバル化のリアル

そもそも、なぜ英語を学んだほうがいいの？

「仕事で忙しくて、時間なんて取れないし」
「今までだって、日本語だけで十分仕事ができたし」
「グローバル化といっても、自分には関係ないし」
「社内に英語ができる人がいるから、いざとなれば通訳してもらえばいいし」
「この年齢から始めても、ビジネスレベルの英語は身につけられないって聞くし」

ここ数年、ニュースなどでグローバル化について見聞きする機会が増えましたが、それでもなお、心の中でこのように感じている人も少なくないのではないでしょうか。

実は、僕自身もほんの5年前、36歳のときまでそう思っていました。

ところが、その後英語学習を始めて、会社での仕事で英語を使わせてもらうようになってから、**「今まで英語を使ってこなかった一般的な会社員こそ、英語を学んで使えるようになったほうがいい」**と、リアルに感じました。それは、一体なぜでしょうか？

あなたが英語を学んだほうがいい理由①

外国人の取引先は、【あなたの】話が聴きたい。

一般的な企業の社員が取引先と仕事で英語を使う際には、**相手はあなたの意見や仕事のやり方について聴きたいのです。**「正しい英語」「きれいな英語」をチェックされる試験ではありませんから、**完璧でなくても、自分の言葉で直接伝えることは、取引先とビジネス上のいい関係を築く上で大切な要素になり得ます。**

あなたが英語を学んだほうがいい理由②

外国の企業との取引に参加し、今までにない経験ができる。

日本に進出している海外の企業は、世界的にビジネスを展開しているところが多く、**仕事のやり方も、変化や決断のスピードも、お金のかけ方も、日本企業とは驚くほど違います。**仕事で携わることができれば、あなたにとって大変貴重な経験ができます。

あなたが英語をやったほうがいい理由③

英語で対応ができる社員が増えれば、そんな企業と**条件のいい取引を継続・拡大できるチャンスが増えます**から、会社に貢献できます。

「英語、お手上げ」で失う取引が、確実にあります。しかも大きな取引です。

グローバル化と言われて数年経過した現在でも、仕事の経験と英語のスキルを両方持った人は、まだまだ多くありませんから、今から始めても決して遅くはないのです。

アラフォーで、留学もせずに
ビジネスで英語を使えるようになるの?

なります。理由は3つあります。

- **あなたには、すでに仕事のキャリアがあるから。**
- **仕事の経験の上に、英語学習を乗せればいいから。**
- **仕事で使われる英語表現は限られていて、そこだけ徹底的にやればいいから。**

「ビジネス英語」というと難しく感じるかもしれませんが、実は、**あなたが今の年齢まで英語の勉強をしない間、一生懸命に取り組んできた「仕事」の経験こそが、その根幹を成す**のです。ぜひ、自信を持ってください。

まとめ

- 普通の会社員こそ、英語をやったほうがいい!
- 今の年齢からでも、できるようになる!
- あなたの仕事の専門性に、英語を掛け合わせると考えよう!

TOEICの問題文でよく飛行機が遅れ、コピー機が壊れる理由

あなたがもし、TOEICを何度か受けたり、TOEIC対策用の問題集に取り組んだりしたことがあるなら、問題の中で**やたらと飛行機が遅れて会議に間に合わなくなったり、コピー機が壊れて使えなくなったりする**ことに、思わずツッコミを入れたい気持ちになったことがあるのではないでしょうか？

他にも、蛍光灯が切れたり、データが届いておらず締め切りに遅れかけたり、会議の場所や時間が急に変更になったり、鍵が合わなかったり。

僕もよく、問題を解きながら「よう壊れるなー、こんなにトラブル起きひんやろー」と、思うことがありました。

ところが、です。

今、多少なりとも仕事で英語を使わせてもらうようになって感じるのは、これらの**TOEICの世界で頻繁にトラブルが起きるのは、現実のビジネスそのものだ**ということです。

どういうことかというと、僕のような普通のサラリーマンが、海外の担当者とも関わる仕事環境で、絶対に英語を使わないといけない場面といえば、「トラブルが起きた時」だからです。

TOEICに出たことがそのまま起きるというわけではないとしても、**オフィスで仕事をしていて、トラブルはつきもの**ですよね。例えば、コンピュータのネットワークがつながらない、電車が止まってスタッフが出勤できない、会議の資料が上司に届いていない、などなど。

そんなときにはスピードが命ですから、あなたがそれらのトラブルに気づいたら、**他の誰かに通訳してもらったり、文法や発音の正しさを気にしたりしている余裕はなく、まさにあなた自身が英語を使うべき**、ということになります。

会社で英語を使うというと、真っ先に、外国人相手のプレゼンや交渉を想像するかもしれません。もちろんそうした業務を行う方もいらっしゃいます。でも実際には、その他様々な種類の業務で英語を使う人も、たくさんいらっしゃいますよね。

また、仕事でプレゼンをする人も、それがうまくいって商談が成立すれば終わりではありません。プレゼン資料の内容と実際のサービスが異なっていたり、顧客に満足いただけなかったりした場合には、その対応が必要になってくるでしょう。

その意味で、**日々のトラブル、報告、問題解決のための対処法の提案といった対応こそが、自分自身で英語を使うべき最も大事な場面**と言えます。

だからこそ、TOEICでもこうしたトラブルが起きる場面がよく出てくるのではないでしょうか。

TOEICの練習問題を解く際には、トラブルが実際の仕事でも起こり得ることを認識して、その場面を想像しながら取り組んでみてください。

問題の内容にもより関心を持てるようになり、テスト対策としてだけでなく、トラブル対応の予行演習のためのよい機会として取り組めるようになります。

まとめ

- 実際の仕事でトラブルに直面したら、自分が英語を使う可能性が高い！
- しかもそれは、緊急度も重要度も高い場合が多い！
- TOEICで頻出するトラブル発生の問題も、実際に起きるトラブルの予行演習と捉えると身につきやすい！

ビジネスのキーワードは、英語学習にそのまま使える

SMART, SWOT, PDCA

僕が、英語を仕事に活かしたいと思って英語学習を始めた後、実感したことの1つが、**「今まで仕事で得た知識や経験は、英語学習にも活かせる」**ということです。

ここでは、企業研修やビジネス書でよく登場するSMART, SWOT, PDCAという3つの手法が、どのように英語学習に活かせるのかについて、お伝えします。

1.「SMARTの法則」で目標設定

目標設定の手法としてよく使われるのが、**SMARTの法則**です。**Specific（具体的）、Measurable（測定可能）、Achievable（達成可能なレベル）、Result-Oriented（成果重視）、Time-Bound（期限を明確に）の5つの視点から、具体的に目標を立てていきます。**

仕事を継続的に成功させるためには、目標の設定が欠かせません。半期ごとや四半期ごとに社員の目標設定をして、達成度による評価制度を取り入れている企業も多いです。

英語学習でも、同じことが言えます。「英語をとにかく頑張ります」というだけでなく、方向性を定めて具体的に進めていくことがポイントです。

それでは実際に、あなたの英語学習について、それぞれの項目ごとに目標を設定してみましょう。

● Specific：具体的

例えば、「外資系企業の○○に転職して、米国の担当者との会議を英語で進行する」など、目標は**具体的であればあるほどいい**でしょう。

● Measurable：測定可能

目標を数値化しましょう。仕事の業績を数値化することを求められるのと同じです。理由は、**達成度を測りやすくし、成長を「見える化」すれば、モチベーションにもつながる**からです。

● Achievable：達成可能なレベル

目標を、無理しすぎない現実的なものにしましょう。目標は**達成することが前提**です。ただし甘すぎても駄目で、「めいっぱい頑張れば何とか達成できるレベル」に設定します。

● Result-Oriented：成果重視

方法・過程よりも、**成果・結果にこだわることが大事**です。一度立てた学習プランを継続してもなかなか成果が上がらない場合は、見直しも必要になります。

● Time-Bound：期限を明確に

目標に期限を設定することは必須です。「いつまでに○○する」と明確にすることで、集中力が増し、目標を実現しやすくなります。

SMARTによる目標設定例

S	Specific	具体的	会社で海外出張の条件となるTOEICのスコアをクリアする
M	Measurable	測定可能	TOEICで730点以上を取る
A	Achievable	達成可能	現在のスコアは600点だが、他の人のスコアの推移から判断して達成可能
R	Result-Oriented	成果重視	週に一度は模試を解き、成果を確認する
T	Time-Bound	明確な期限	海外出張の応募締め切りの○月○日までに

2.「SWOT分析」で学習戦略を立てる

商品開発やマーケティングでよく使われる**SWOT分析とは、Strength（強み）、Weakness（弱み）、Opportunity（機会）、Threat（脅威）をそれぞれ分析し、戦略を立てるための手法**です。

これは、英語学習においても、世の中にあふれる無数の学習法や学習教材の中からあなたの性格や置かれている状況にぴったり合ったものを見つけ出す上で、とても便利な方法です。

それでは実際に、あなたの英語学習について、それぞれの項目ごとに分析してみましょう。

● Strength：あなたの強み（内的なプラス要素）

例

・記憶力がいい

・集中力がある

・洋楽が好き

● Weakness：あなたの弱み（内的なマイナス要素）

例

・怠け者

・文法が苦手

・人と話すのが苦手

● Opportunity：チャンスとなるもの（外的なプラス要素）

例

・セミナー

・東京オリンピック

・昇進、昇給

● Threat：ピンチ（外的なマイナス要素）

例

・テレビの誘惑

・飲み会の誘惑

・残業

項目を書き出せたら、次のように活用します。

Sの要素を学習に活かす
Wを必ず克服する学習計画を立てる
Oをモチベーションにする
Tから離れる環境作りをする

この手法を用いることで、闇雲に片っ端からいろいろ試すよりも、流行りの方法に飛びつくよりも、**効率的に、あなたにとって効果的な学習法を見つけられる**ことでしょう。

SWOTによる学習戦略例

S	Strength	強み	洋楽が好きなので、アーティストのインタビュー動画を観ることを学習プランに取り入れ、モチベーションにつなげる
W	Weakness	弱み	怠け者なので、仲間と一緒に勉強して、サボれないようにする
O	Opportunity	チャンス	海外出張のできる社員は、より高度な仕事を任せてもらえ、昇給する
T	Threat	ピンチ	飲み会の誘いをうまく調整するために、あらかじめ同僚に英語学習していることを宣言し、理解してもらう

3.「PDCAサイクル」でプロセス改善

PDCAサイクルとは、ビジネスの現場で、**品質管理などに用いられる手法です。Plan（計画）、Do（実行）、Check（評価）、Act（改善）の4ステップで、プロセスを確認**していきます。

このサイクルが、あなた自身の**英語学習のプロセス改善に、そのまま使えます。**

● Plan：計画

先述の目標設定と学習戦略の部分です。

● Do：実行

実際に英語学習を実行していく段階です。

● Check：評価

成果が出ているかどうかを確認する段階です。週次や月次で、振り返ってチェックします。

● Act：改善

思うように成果が表れない場合は、学習時間、学習内容、学習環境のうち、どこに原因があるのかを分析して、対策を取ります。

PDCAによるプロセス改善例

P	Plan	計画	1カ月後に迫った英語プレゼンテーションに備えて、毎日、英会話のレッスンで練習する
D	Do	実行	用意したスクリプトとプレゼン資料を用いて、レッスンでロールプレイングを実行
C	Check	評価	週に2回、効果検証。スクリプトに書かれている内容はスムーズに言えるようになったが、想定外の質問のときに対応できない
A	Act	改善	プレゼンの質疑応答のパートを、用意したスクリプトではなくアドリブで練習することを追加

まとめ

- 目標設定には、SMARTを活用しよう！
- 学習計画と環境整備には、SWOTを活用しよう！
- プロセス改善には、PDCAを活用しよう！

最適な3つの学習アイテムは、オンライン英会話、TOEIC、スマホ

今や、本屋さんに行けばたくさんの優れた英語学習関連の書籍があり、電車やテレビでは魅力的な英会話スクールの広告が目に入り、インターネット上には無数の有益な英語の素材や学習法が見つかります。

仕事に活かす英語学習を始めるとき、その中から一体何を使えばいいのでしょうか？

本書では、「オンライン英会話」「TOEIC」「スマホ」の3つのアイテムを柱と考えます。

1. オンライン英会話

オンライン英会話とは、Skypeなどのソフトを利用して、パソコンやスマホで外国人講師と英会話レッスンをするという、ここ数年で一気に注目度が高まっている学習法です。とりわけ、英語を話したり書いたりする必要のあるビジネスパーソンにとって最も有効な手段の1つです。

その最大の理由は、**自分の用途に応じて、レッスンの内容を自由に作っていける**ことです。

例えば、英語でのプレゼンが必要ならばその予行演習をする、資料を英語で書く場合にはその添削をしてもらう、

といった具合です。

多くのオンライン英会話スクールが深夜までレッスンを提供していますし、通学の時間も手間も不要で、自宅やカフェなどで行えるため、残業の多いビジネスパーソンでも続けやすいのがいいですね。

僕自身も、「独学でインプットしたスキルを実践でちゃんと使えるようにするために、誰かと会話して、たくさんアウトプットしたい」と考えて、約5年前に始めました。拙著『オンライン英会話の教科書』（国際語学社）に、そのあたりのことを詳しく書いていますので、ぜひ参考にしてください。

2. TOEIC

TOEICテスト対策で英語を学習することは、ビジネス英語対策としても大変有効です。

TOEICはリスニングとリーディングのテストですが、TOEIC対策を行うことで、**リスニングとリーディング、語彙や文法といった英語の基礎、土台が作られていき、仕事で英語を使う際にも存分に活きてきます。仕事で使う英語のベースを身につけるのに最適な学習なのです。**

もちろんTOEICで高いスコアを取得できたからといって即ビジネスで英語が使えるとは限りませんが、「英語での業務の経験を積んでいくのに必要な力を身につけている」「目標達成に向けて継続的に取り組める」といった点を周りの人に示せるなど、多くのメリットがあります。

3. スマホ

英語の習得には時間がかかります。たくさん英語に触れる必要があります。**そのための一番賢い方法は、いつも片時も手放さずにいじっているものを利用すること**です。

電車でも、家でも、暇さえあればスマホを見ている人、多いですよね。僕もよくいじっています。スマホって何だか触りたくなってしまう魅力があるんでしょうね。そもそも「携帯」電話なので、基本的には近くに置いたり、持ったりしているものですし。

この、すでに癖にさえなっている習慣、多くの人にとって最も近くに置いている高性能端末を、英語学習に利用しない手はありません。スマホの様々なアプリを利用して、あらゆる角度で英語に触れることができます。プロのナレーターによる英語ニュースや本の朗読を聴く、洋書や英語ニュースの記事を読む、SNSで英語でつぶやく、Skypeでオンライン英会話のレッスンを受ける。辞書アプリで単語の意味を調べることもできますし、メモアプリを使えば新しく覚えた英語表現をメモしておくのにも便利です。**スマホ1台でほぼすべてのことが、これ以上ないぐらい手軽にできてしまいます。**

僕もスマホによって英語学習がしやすくなった経験があります。僕が英語を始めた2010年前半には、まだスマホを持っておらず、リスニングにはCDウォークマンを使っていました。CDの入れ替えも面倒で、大きさもそこそこあったので、たまにしか聴いていませんでした。

ところがその後、携帯をスマホ（iPhone）に替えてからはアプリで手軽に音声が聴けるようになったため、**「家を一歩出たらリスニング」が習慣になりました。**本当にやる気のある人は、CDウォークマンでもガンガン聴けるのでしょうけど、僕のような普通の人間には、このちょっとした「面倒臭さからの解放」は、継続の鍵だったりするのです。

まとめ

- オンライン英会話は、仕事で使う英語の実践練習に最適！
- TOEICは、仕事で使う英語のベースを身につけるのに最適！
- スマホは、忙しいビジネスパーソンが英語学習を習慣化するのに最適！

パート別
TOEICは どう仕事に役立つか？

ここでは、前項でおすすめしたTOEIC対策学習で得た英語スキルが、果たして仕事でどう役立つのかを、パートごとに見ていきます。**TOEICに頑張って取り組むと、スコアアップだけではなくビジネスでのスキルアップにもつながる**ことが、おわかりいただけると思います。

リスニングセクション

PART 1（写真描写問題）

このパートは、写真を見て、それを適切に描写している表現を選択肢の中から選ぶ問題です。PART 1で出てくる描写の表現は、仕事で問題が発生したり解決したりして、**上司や同僚に何か状況説明をするときなどに使える表現**です。

特にPART 1でよく出てくる、無生物主語＋受け身＋現在完了（主語＋**have/has been ＋過去分詞**）などの表現は、仕事の現場でもよく使われます。こうした表現を音読しておくと、社内での報告にも役立ちます。

例

The server error **has been resolved.**
(そのサーバーの問題は解決されました)

● PART 2（応答問題）

ここでは、質問や依頼の表現に対して、適切に答えているものを選択肢の中から選びます。**仕事で何かを依頼したり質問したりするときに使える、便利な言い回し**が出てきます。

また、それに対する**答え方の感覚も身につきます。**

同僚同士の会話や、会議中の質疑応答などが、英語でスムーズにできるようになります。

例

Could you forward the agenda to me?
(議題を私に転送していただけますか？)

I already sent it to you this morning.
(今朝、すでにあなたに送りました)

● PART 3, 4（会話問題、説明文問題）

PART 3では、2人の人物による会話を聴きます。PART 4では、アナウンスやナレーションを聴きます。問題用紙に載っている設問と選択肢を読み、適切な答えを選びます。TOEICのPART 3とPART 4は、**会議や研修など**

で、長めの英語を、ポイントを捉えながら聴き取るのに役立ちます。

会議など、仕事でTOEICのPART 3, 4と同じぐらい（30～40秒程度）もしくはそれ以上の長めの英語を聴く必要がある場合は、アジェンダなど何かしらの資料が用意されていることが多いものです。

つまり、実際の仕事でも、TOEICのPART 3, 4で設問や選択肢を読んでリスニングをするのと同じような動きをするということですから、ビジネスで英語を使うときのよい予行演習になるのです。

リーディングセクション

● PART5（短文穴埋め問題）

PART 5は、文の中の空欄を埋めるのに適切な語を選択肢から選ぶ問題です。このパートは特に、**英語でメールや資料を書くときに必要な正しい文法を学び、定番の表現のストックを増やすのに役立ちます。**

文法や語彙を知ることは、自分で英語を話したり書いたりする際に活きてくるというわけです。

● PART6（長文穴埋め問題）

PART 6は、長文の中の空欄を埋めるのに適切な語を選択肢から選ぶ問題です。PART 5と同じ穴埋め問題ですが、PART 7で出題される短めの文章（100ワード程度）と同じぐらいの長さのものが出題されます。

PART 5とPART 7の両方の側面を持っていますので、それぞれの解説を参照してください。

● PART 7（長文読解問題）

様々な長文について、設問と選択肢を読み、適切な答えを選ぶ問題です。このパートでは、実際の仕事において、**英文のメールや資料をすばやく読みながらポイントをつかむスキルを身につけるのに役立ちます。**

仕事で英語を読む場合、その文の書き手は、何かしらを伝えようとして情報を発信しているはずです。その英文を読んで終わりではなく、**次にどんな行動を起こせばいいのかを読みながら捉える**ことが重要です。書き手が読み手に何を望んでいるのか、常に意識を働かせる。この読み方は、TOEICでも仕事でも全く同じです。

最後に、どのようにTOEICの学習に取り組めば、仕事に活かしやすくなるかという点をご説明します。

TOEICはリスニングとリーディングのテストですが、本書では、**PART 1, 2はスピーキングに、PART 5, 6はライティングに役立つ**と書いていることにお気づきでしょうか？

こうしたスキルを身につけるには、TOEICの問題をただ漫然と受け身の姿勢で解くのでなく、問題に出てくる英語表現を覚えて自分でも使えるようにしようとする積極的な学習を普段からしておくことがポイントです。リスニング問題の音声をただ聴くのでなく、スクリプト（台本）を音読して自分でも話せるように練習したり、またリーディング問題では、長文をただ読むだけでなく自分がメールで書くことを想定して英語表現を覚えるとよいでしょう。

TOEIC対策の学習では、問題を解くだけにとどまらず、「これは使えるな」と思ったフレーズがスムーズに使えるようになるまで練習しましょう。

まとめ

- TOEICのリスニングセクションで設問や選択肢を読みながら英語を聴き取る動きは、会議で英語の資料を読みながら発言を聴き取るときと同じ！
- TOEICのリーディングセクションでポイントを探しながら速く読む動きは、仕事で英語のメールや資料を読むときと同じ！
- TOEICの練習問題をアウトプットしておくと、仕事で活かせる！

時間割と教室も決めてしまうことが、習慣化の秘訣

様々な優れた英語学習法や、最新のテクノロジーを活かしたツールがどんどん生まれる現代でも、英語を身につけるのに近道はなく、**とにかくたくさん英語を聴く、読む、話す、書く経験を積み重ねるほかない**と、僕自身も身をもって実感しています。どれだけ効率的な素晴らしい方法でも、「たくさんやる」ことは必要です。

一説には、**英語の基礎を身につけるのに2000時間程度必要**だと言われています。毎日４時間やって、１年４カ月ぐらいですね。

実は、僕が36歳から英語学習を始めて毎日平均して約４時間勉強し、ちょうど１年４カ月経った頃にTOEICで890点を取ってAレベル(860点以上)入りを果たしたので、「2000時間」という数字は信憑性が高いと感じています。

「英語学習には、スキマ時間の活用が大事」ということはよく言われていますし、僕も全く同感なのですが、特に英語学習を始めたばかりの頃は、**スキマ時間にだけ勉強するのでは、量が全然足りません。**2000時間に到達するまでには、一体何年かかるんだろう……となりますからね。ではどうすればいいかというと、**「何時からこの勉強をする」という時間割と、「この場所で勉強する」という教室を決**

めてしまうのがおすすめです。

例えば、「朝8時から9時の通勤電車の中で、iPhoneで洋書『●●』のオーディオブック（本を朗読した音声）を聴く」「夜帰宅して10時から11時まではTOEICの文法の参考書、11時から11時40分まではオンライン英会話とその復習、11時40分から12時まではBBCの記事を音読、いずれも自宅の部屋で」など。**あらかじめ使う教材も決めておく**のがポイントです。その場で気の向くままに教材を選んで勉強を始めるのではなく、決まった時間になったら、決まった科目で始めるようにします。

1週間も続けていると、だんだん習慣になってきます。そうなれば、しめたものです。

スキマ時間はそもそもメインの用事の間に発生するものですから、いつなくなってしまってもおかしくない時間です。ですから、ちゃんと**英語学習の時間をメインの予定として入れて、スケジュールをブロックする**ことが大事なのです。

英語学習スケジュール

時間割表　　年　組　氏名

	月	火	水	木	金	土	日
時間	7時から8時	7時から8時	6時半から7時	6時から6時半	6時から6時半	12時から15時	10時から13時半
内容	英文法	単語	リスニング	音読	音読	TOEIC模擬試験	洋画DVD
教科書	TOEIC教材	TOEIC単語集	オーディオブック	TOEIC教材	ニュース記事	TOEIC教材	同上
教室	電車の中	電車の中	カフェ	自宅	自宅	図書館	自宅
時間	18時から19時	18時から20時	18時から19時	20時から21時	18時から19時		
内容	リスニング	リーディング	スピーキング	スピーキング	リーディング		
教科書	ポッドキャスト	洋書	英会話サークル	オンライン英会話	ニュース記事、Twitter		
教室	カフェ	電車の中	会場	カフェ	電車の中		
時間	22時から23時	22時から23時	23時から23時半	23時から23時半	21時から21時半		
内容	スピーキング	リーディング	英語資料作成	ライティング	ライティング		
教科書	オンライン英会話	TOEIC教材	自作	英文チャット	英文メール添削		
教室	自宅	自宅	自宅	自宅	自宅		

そのためには、今まで行ってきた「何か」をやめて、時間を捻出する必要があります。
「そんな時間ないよ！」と思われるかもしれませんが、それほど面白くないのについつい観てしまっていたテレビや、頻繁に参加していた飲み会など、必要だと思っていたけど実は習慣として行っていたものが、意外とあるものです。
それらの習慣は、やめてしまうと案外、全く困らないものだったりしますし、周りの人たちもそのうち「夜10時から英語の勉強するんでしょ？　早く帰らなくちゃね！」と理解してくれるようになってくるものです。
とにかく、**たくさん英語学習をするしかない。目安として、2000時間の確保。そのためには、時間割と教室を決めて、学習を習慣化するのが有効。**
この点を認識してスタートすれば、「1カ月で英語ペラペラ」といった魔法のような学習法の謳い文句には惑わされずに、実用的な英語を着実に身につける道を進んでいくことができます。

まとめ

- 英語の習得には、習慣化が必要！
- 英語学習のために他の予定をブロックして、学習時間と周りの応援を手に入れよう！
- 学習する時間帯と場所と教材を決めると、うまくいく！

「Excelが使える程度」の英語を目指せばいい

突然ですが、あなたは仕事でExcelが使えますか？

「まあまあ」「ぼちぼち」……。今あなたが思い浮かべた答え、それこそが、あなたが仕事で英語を使うときに目指すべきレベルです。

きっと多くの人が、**「Excelの全部の機能を知っているわけではないけど、自分の仕事の範囲内では支障なく使える」**と考えたのではないでしょうか。

「Excel？　全くお手上げ！　Excelを一切使わない仕事でないと無理！」という人は少ないでしょうし、もしそうだと、任せられる仕事の幅は狭くなってしまいますよね。

「Microsoft Office Specialistの資格を持っていないので、自信ありません」などと気にする人も、そんなにいませんよね。

それなのに、英語で同じ質問をすると、「お手上げ！」と答える人が多いのです。「TOEICで700点ないので……」と気にする人も。

自分で「英語ができない」と思っている人は、「英語ができる人＝英語で何でもできる人」と考えているのではないでしょうか。

ところが実際には、**英語もExcelと同じように「業務に**

支障ないくらいには使えますよ」という程度で、仕事の幅がぐんと広がります。完璧である必要はないのです。

Excelでも、「なぜこの人は、こんなに数式やマクロのことをよく知ってるの？」という博士みたいな人、職場にいますよね。英語でも同じように、わからないところは英語に詳しい人に尋ねながら、自分のできる範囲で使って、教わったことを次回から使えるようにしていけば、徐々に英語業務の経験値が高まり、できることが増えていきます。

また、Excelを仕事で使い始めた年齢が20代でも40代でも、多くの場合、仕事上特段不都合はありませんよね。パソコンのタイピングが多少遅い人がいたとしても、辞書登録機能を活用するなどの工夫をして、業務に支障のないように対応することができます。

英語も、まさにExcelと同じです。スタートした年齢は関係ありません。**大事なのは、Excelや英語の知識や技術そのものではなく、それらのツールをどう使っていけるか**です。

だからこそ、年齢を問わず、仕事で英語を活かせるようになると言えるのです。

まとめ

- 仕事でExcelを全く使えない人は少ない！
- Excelも英語も、多くの人にとっては「業務で使う範囲内なら何とか」で、十分！
- Excelも英語も、どう自分の仕事に活用するかが大事！

第2章

項目別、
ビジネススキル
としての
英語学習戦略

語彙

アラフォーでもいける！単語記憶のコツ

英語学習を開始したら、まずは単語を覚えなければ何もできません。地道な作業ですが避けては通れませんから、最初は1日1時間程度取り組むことをおすすめします。

「年を取ると記憶力が衰える」とよく言われますが、ここでは、アラフォーの僕でも無理なくできた、単語記憶の方法をご紹介します。

教材は、TOEICの受験を視野に入れるなら、やはりそれに関連したものを使うのが効率的です。

大事なのは、1冊を何度も繰り返し使うことです。

単語だけ覚えるか？　例文まで覚えるか？　音読するか？　という点については、次の3つの基準で切り分けるとスムーズにいきます。

- **一目見て意味のわかる単語→見るだけ**
- **自信のない単語→例文を音読**
- **初めて見た単語→単語と例文を音読**

全部が全部、例文まで暗記しようとすると非効率なので、意味を一度でも覚えたと思えばよしとして、次に進みます。

単語集を開いて、見開き2ページに載っている英単語の意味が一度でも全部わかったら次に進み、1章終わったら1章分をザッと復習し、怪しいところだけ音読して、頭に刷り込みます。そしてまた次に進みます。

ポイントは**「今日覚えていればいい。明日忘れてもいい」**というスタンスで進めることです。次の日もまた次の日も、前にやったことを復習し続けるというのではなく、**とにかく早く1冊を終わらせる**ことを意識します。1周で完璧に覚えようとするのは難しいですし、時間効率も悪いため、**何周も繰り返して記憶を定着させる**ようにしましょう。

人の名前や顔は、芸能人を含めると何百人何千人と覚えていると思いますが、それは何度も繰り返し眺めているうちに覚えていったはずです。英単語も同じように、何度も何度も見るうちに、深い記憶に残されていきます。**記憶の層を何重にも重ねる**イメージですね。

単語の意味の覚え方については、語呂合わせでも何でも、自分がより短期間で大量に覚えられる方法を選ぶようにしましょう。方法のスマートさにこだわるよりも、結果にこだわるほうが得策です。英語の勉強を始めた初期の段階で、どれだけ大量の語彙を短期間で身につけられるかは、その後の学習の進み具合に影響してきます。

単語の覚え方でおすすめなのは、感情を込めて声に出す方法です。例えば、bankruptcy（破産）なら暗めのトーンで、turnaround（好転）なら明るいトーンで。イメージを印象づけて**記憶に残りやすくなりますし、実際の英会話でも自然に使えるようになります。**

最初は英単語を覚えるのは大変な作業ですが、**ある一定の量を覚えた後は、新しく出会った単語でも覚えるのが速くなります。**これは、大量にこなすことにより、英単語を覚える脳が作られるためだと感じます。

スペル（綴り）についても、完璧に覚えてから次に進む必要はありません。一応アルファベットの並びはチェックし、その日だけ覚える。明日には忘れる。それを何周もすると、自分が単語のスペルを間違えて書いたとき、何か違和感があるのに気づくようになってきます。スペルというより、ビジュアル的に何かが違うと感じられるようになるのです。

最後に、どうしても覚えられない英単語やイディオムを忘れないようにするための方法をご紹介しましょう。それは、**その語句を使って自分の身近に起きたエピソードについての英文を作り、音読する**ことです。ただ、すべてについて英文を作っていると大変なので、何度やっても覚えられない苦手な語句でやるのがおすすめです。

まとめ

- 単語は、何度忘れてもいいい！ 記憶の層を何度も塗り重ねて覚える！
- 単語を、感情を込めて声に出すと覚えやすい！
- どうしても覚えられない単語は、身近に起きたエピソードに関する英文を作って音読する！

語彙

ポジティブな表現を優先的に覚えると、仕事に活かしやすくなる

ボキャブラリーは多いに越したことはありませんが、自分で実際に使わないような表現を覚えるのは面白くないですし、覚えてもすぐに忘れてしまいますよね。

それに、この本を手に取ってくださったあなたは、きっと仕事や家庭に忙しいはず。時間は限られていますから、できるだけ効率的で、実用的な方法で覚えたいところです。

そこで、ここでは**仕事に活かすためのボキャブラリー学習に役立つポイント**をご紹介します。

そのポイントとは、**ポジティブなボキャブラリーを優先的に身につけ、ネガティブなボキャブラリーはポジティブな表現で言い換えるようにしていく**ことです。

ポジティブなボキャブラリーとは、例えば次のようなものです。

- It makes sense.（理にかなっている）
- fully understand（完全に理解している）
- take action（対策を取る）
- feasible（実現可能な）
- to make sure（確認のため）
- fulfill（実現する）

- achieve（達成する）
- As shown by the actual data,(実データが示すように、)
- best practice（成功事例）
- clarify（明確にする）
- resolve（解決する）
- focus on（集中する）
- methodology（方法論）
- share ... with ～（…を～と共有する）
- once ～（～したらすぐに）
- Of course.（もちろんです）
- Sure.（もちろん）※比較的カジュアルな状況で
- I'd be happy to ～（喜んで～します）
- I'm willing to ～（喜んで～します）
- expedite（迅速に処理する）
- consider fully（よく考える）

TOEIC対策書や単語集などで出会ったボキャブラリーが、仕事で使う言葉としてポジティブなものであればぜひ、音読をして覚えるようにしてください。

ネガティブからポジティブへの言い換えというのは、例えばIt's difficult.（それは難しい）と言いたくなったところでIt's challenging.（それはやりがいがある）と言い換えたり、It's impossible.（それは不可能だ）と言いたくなったところでIt's not necessarily feasible.（それは必ずしも実行可能とは言えない）と言うようにする、といったものです。

何かを伝える際、**全く同じ内容であっても、使う言葉次第でポジティブにもネガティブにも表現できます。**そして当然、**仕事上ではポジティブな発言や姿勢を見せたほうがよい印象を与え、ビジネスがスムーズに進みます。**

ただし、やたらと楽観的な人、口だけの人と思われないために、その**根拠となる数字や具体的な事象、どう対策を取るかというアクションプランを続けて示すようにしましょう。**

といっても、ネガティブな意味の言葉は覚えなくていい、というわけではありません。仕事でこうした単語が使われた際に、意味がわかる必要があるからです。

例えば、deteriorate（悪化する）、plummet（急落）などはよく使われます。

ポジティブな言い方は使えるようになるまで音読して覚え、ネガティブな言い方は聴いたり読んだりしたときに思い出せるようにしておく、というバランスを意識して取り組むのが効率的です。

▶ポジティブなボキャブラリーを増やすのに おすすめの書籍

『カリスマ同時通訳者が教える ビジネスパーソンの英単語帳』（関谷英里子著／ディスカヴァー・トゥエンティワン）

使う単語によって相手に与える印象が変わること、それが仕事の結果にも影響し得るということが、具体的な単語とともに学べます。

『The 7 Habits of Highly Effective People』
(Stephen R. Covey著 / Free Press)

世界中で読まれているビジネス書のロングセラーです。日本でも『7つの習慣』というタイトルで翻訳されています。単語集ではなく読み物ですが、ポジティブな語彙が増やせるのに加え、思考自体がポジティブになります。この本については、p.96で詳しくご説明します。

まとめ

- ポジティブな表現は、「話せる」「書ける」ように覚える！
- ネガティブな表現は、「聴ける」「読める」ように頭に入れておく！
- 物事を伝えるときには、ポジティブな英語表現で話す・書く癖をつける！

語彙

仕事に活かせる、TOEIC単語集の使い方

TOEICの受験を決めたら、**まずはTOEIC対策用の単語集を１冊購入してボキャブラリーを増やしたほうがいい**と思います。

文法書やスマホの英語学習アプリで出てきた単語を１つひとつ拾っていくのもよいのですが、いちいち辞書で調べないといけないため全然先に進めず、ストレスに耐えきれずに挫折してしまいかねません。

やはり、**ある程度のボキャブラリーの土台は事前に必要です**し、せっかくTOEICを受けるのであれば、TOEICに出やすい単語から覚えるのがおすすめです。

TOEICの単語本をおすすめする理由はもう１つあります。

TOEICに出てくる語彙は、実際のビジネスの現場でも使えるのです。

僕自身も、**仕事中に「この表現はTOEICで出てきた！」ということが何度もありましたし、自分で英語を話したり書いたりする際も、TOEICで学んだ英語をよく使ってきました。**

TOEICによく登場する語彙で、仕事で出てくる、または使えるものの一部を以下に挙げますので、参考にしてみ

てください。「こんなに使えるのか！」と感じていただけたら幸いです。

- inclement weather　悪天候
- in the event that ～
  ～という場合には（少し硬めの文書で）
- in accordance with ～
  ～に従って（同じく、硬めの文書で）
- from time to time　時々
- investigate
  調査する（トラブルの原因を調べるときなど）
- confirm　確認する
  （「確認する」といえば、ほぼこれ。本当によく使われます）
- however　しかしながら（PART 6の定番！）
- therefore　それゆえ
  （これもPART 6の定番！　丁寧な文でよく使われます）
- rationale　理論的根拠
  （TOEICでたまに出る、難易度の高い語）
- discrepancy　不一致
  （「データの不一致」などでよく出てきます）
- submit　提出する
  （Webフォームの送信ボタンによく書かれています）
- defective　不良の（「不良、欠陥」といえば、ほぼこれ）
- replacement　交換品
  （「不良品を交換する」で使うのは、exchangeではなく

replace)

- compensate for ～　～を補償する
- now that ～　今や～なので
- provide　与える(「情報を与える」というときなど)
- implement [carry out] 実行する
- significant　重大な
(影響の大きさを強調するときなどに)
- appreciate　感謝する
(よく使われます。It would be appreciated if you could ～.「～していただけたらありがたいです」など)
- attached　添付の
(メールなどにファイルを添付する場合に使われます。Please find the attached file.「添付ファイルをご確認ください」など)
- approve　承認する
- permit　許可する
- agreement　契約
- rapport　信頼関係
(「お客様と良好な関係を築く」というときなど)
- evaluate　評価する
(「評価する」といえば、これが最頻出)
- minutes　(複数形で) 議事録
- adopt　採用する
(「ルールやフローを業務で採用する」というときなど)
- expire　期限が切れる

（「ツールのアクセス権の期限が切れた」というときなど）

- authorize　権限を与える
（「ツールへのアクセス権を付与する」というときなど。grant access to ～「～へのアクセス権を与える」も使われます）
- persist　続く
（「しつこく主張する」という意味もありますが、「何かしらのトラブルがずっと続く」という場合でよく使われます）
- due date　締め切り（deadlineはあまり見かけません）
- inquiry　お問い合わせ
（「お客様からのお問い合わせ」など）
- clarify　明確にする
（make it clearと同じような使い方）

では次に、**TOEIC単語集の効率的な使い方**をご紹介します。「何だか大変そう……」なんて思っていませんか？安心してください。僕は怠け者なので、提案する方法は、自分でもできたシンプルなものだけです。

それは、**【あなたの仕事の現場で使いそうな例文を作って、音読して覚える】**。ただ、それだけです。
上記の語彙を使って、例を挙げますね。

I confirmed the call center report carefully before submitting it.
（私は、コールセンターのレポートを提出前に注意深く確

認した）

However, there was a significant discrepancy in it.
（しかしながら、その中には重大な食い違いがあった）

I should investigate the cause and implement any plan to avoid the same mistake.
（原因を調査して、同じミスを防ぐために何らかのプランを実行すべきだ）

いかがでしょうか？　このように仕事に関する文を作って音読することで、その**情景が目に浮かんで**、ミスをしてしまって焦っている様子が**リアルに記憶に刻まれる**ことがおわかりいただけると思います。

もう1つポイントがあります。

単語の細かい意味まで覚えていなくても、いい意味か悪い意味かだけ判別できていれば、TOEICの問題を解いたり、洋書を読んだりする際に、正しく文意をつかめることがあります。仕事で使うときも同様です。ぜひこの点も意識して、取り組んでみてください。

まとめ

- TOEICで出てくる単語は、仕事でそのまま使える！
- 自分の仕事の現場で使う例文を作って音読すると、実用的に単語が身につく！
- その単語が、いい意味と悪い意味のどちらで使われるかさえ押さえておけば、何とかなることもある！

語彙

ひとり社内英語公用語化①
ボキャブラリーを増やす

仕事で英語を使うためには、一体どれぐらいの数のボキャブラリーが必要なのでしょう。

僕が実際に仕事で英語を使うようになった中で感じたことは、以下の３つです。

- **使われる単語数は、想像していたよりも少ない**
- **同じ言葉がよく出てくる**
- **単語集で覚えたのとは違う使われ方をすることがある**

どういうことか、１つずつ順番に見ていきましょう。

1. 使われる単語数は、想像していたよりも少ない

これは、最初は意外でした。でも、一般的に考えられている「ビジネス英語に必要な語彙」は、様々な人に対応した幅広いビジネスシーンを想定しているでしょうから、**実際に自分の仕事で使われるのはその中の一部**なのだと考えると腑に落ちました。

2. 同じ言葉がよく出てくる

登場する語彙数が少ないことに加え、**大事な語句は、何度も繰り返し出てきます。**考えてみれば、日本語でも同じですね。

事前に英語学習をしていない人でも、**毎日仕事で英語を読む現場に放り込まれたら、3カ月もすれば、大体の意味がわかるようになる**と思います。事実、僕の周りにも何人か、そんな人たちがいました。

なお、英語を「聴く」「書く」「話す」はトレーニングをしないと難しいですが、「読む」ことはトレーニングなしでもある程度対応できる人が多いです。学生時代の語彙、文法、読解中心の英語の授業で培った基礎があるからでしょうね。そう考えると、学生時代の英語の授業も、ちゃんと今に活きているのですね。

3. 単語集で覚えたのとは違った使われ方をする

これはいわゆる、専門用語として使われる場合です。

例えば、僕の働いているコールセンター業界では、escalationといえば「上司などに対応の相談をしたり、交代してもらったりすること」、handleは「(電話に) 対応する」、abandonは「放棄呼」(つながらずに切られてしまった電話) を指します。一般的な英単語集や辞書に優先的に載っている意味とは異なるため、コールセンター業界にいない人には、こうした単語が文章の中に出てきたら、読み違えてしまうかもしれませんね。

以上の３点を踏まえて、**仕事で使える英語のボキャブラリーを身につけるためにおすすめなのが、「ひとり社内英語公用語化」**です。

「ひとり社内英語公用語化」とは、仕事で使える英語を何とかして練習できないかと考えて僕が編み出した方法です。もし社内公用語が英語であれば、毎日英語漬けの生活を送るうちに、いやでも英語が身につくことでしょう。しかし僕の勤務先は外資系ではないため、社内公用語は日本語です。そこで、**家に帰ってから、社内公用語の英語で仕事をしているようなつもりで「その日に日本語で行った仕事を、家に帰ってから１つひとつ英語に直してみる」**という方法で英語を練習することにしたのです。

ここでポイントになるのが、先ほど３つ目に挙げた専門用語です。

専門用語は、その業界の経験者でないと、英語ネイティブでも知らない可能性があります。

そこで、Google.comで検索して、専門用語やよく使う言い回しを英語ではどう言うのか、調べてみましょう。Google.co.jpだと日本語の検索結果も出てきてしまうので、英語の検索結果だけが出てくるGoogle.comがおすすめ。Google.co.jpのブラウザ右下に出る、「Google.com

を使用」をクリックすればOKです。

まずは、業界名または職種名と、すでに知っている専門用語を英語で入力し、検索してみます。僕の場合だと、“call center” escalationと入れます（２語以上の場合は“”のダブルクォーテーションで囲みます)。すると、検索結果の様々な英文から、「クレーム、不満」のことは英語でcomplaintと言うことや、「解決した」はresolvedがよく使われるといったことがわかります。このようにして調べた単語を、日本語と英語の使い方をセットにしてExcelやスマホのメモアプリ、手帳などにメモしてオリジナルの単語リストを作り、仕事で使える英単語のストックを貯めていきましょう。

こうしてみると、**今まで使ってきたカタカナの専門用語が、世界でも共通して使われている場合も多い**ことに気づくのではないでしょうか。

どうでしょう。「何とかなる」という気持ちになってきましたか？　あなたさえその気になって本気で取り組めば、本当に何とかなっていきますから、ぜひ前向きにどんどん進んでいきましょう。

まとめ

- 仕事で使われる語彙は、限られている！
- しかも、繰り返し出てくる！
- 専門用語の英語は、すでに知っているものが多い！

文法

眠くならずに文法を身につける方法

TOEICで600点に達していない方は、早めの段階で文法の基礎をしっかり固める時間を設けるようにしましょう。

本当は、文法の学び方でおすすめしたいのは「好きな英語書籍やネット上の英文を読んでから、わからないところを文法の参考書で確認する」という方法なのですが、それが効率的になってくるのは、TOEICで700点を超えてからだと思います。

それまでは、文法書にしっかり取り組むほうがより確実で近道になるでしょう。

TOEICが600点未満で、「文法のどの部分が苦手ですか？」と聞かれても「全部苦手」「どこが苦手かもわからない」という人は、文法書に1冊取り組んで、一通りのルールを身につけることが必要です。

理由はシンプル。文法がある程度わかる人は、学生時代に割とまじめに英語の授業を受けていて、今は忘れているとしても基盤ができていますが、文法がちんぷんかんぷんな人はその基盤がないためです。でも、苦手意識を持つ必要はありません。**これまでやってこなかったのであれば、今やればいいだけです。やれば、その間を十分に埋めるこ**

とができますからね。

僕の場合、文法の参考書を読んでいるうちに、眠くなってきてしまいます。そこで、**眠くならずになおかつ理解度も高まる方法**を考えました。

それは、**「勉強した文法知識を使って、自分の興味のあるテーマで例文を作り、音読する」**というものです。

例えば、「無生物主語の受動態の現在完了形」を学んだとします。文法書の例文に、Tom's idea has been adopted as ABC company's new policy.（トムのアイデアがABCカンパニーの新方針として採用されたところです）と載っているとします。Tom's ideaが無生物主語、has been adoptedが受動態の現在完了形ですが、どんな会社のどんな案なのかイメージできないと、眠くなったり理解しづらくなったりしますよね。

そこで、**自分の興味のある、具体的な例文に作り変えます。** 僕なら、楽天の社内公用語が英語になったというニュースにとても興味がありましたので、English has been adopted as Rakuten's official language.（英語が楽天の公用語に採用されたところです）とします。すると、その実際の場面がはっきりと思い浮かびます。これなら眠くならないし、ニュアンスが理解できます。

自分で例文を作るポイントは、自分が大好きな人や物、もしくは自分の生活のシーンに当てはめて、**鮮明に映像がイメージできるようにする**ことです。一から作らなくても、参考書に載っている例文の一部を変えるだけで十分です。

例文を作れたら、音読します。黙々と参考書を目で読むだけだと眠くなりますが、**英語を口に出していると脳が活性化して目が覚めやすいです。**また、口に出すことで構文が体に入っていくため､「知っているだけの文法」から「自分で使える文法」に変えていけます。「使える」状態になると、**TOEICなどの問題に出てきたときにも速く解答できます。**

文法でも単語でも、「自分が映像をイメージできる例文を作り、音読する」という工程を加えると、理解度と定着度が上がります。

文法は、ルールを覚えて解いていくパズルのようなものです。ぜひ、苦手意識を持たずに楽しんでいきましょう。

まとめ

- 文法知識を使って、自分にとって身近な例文を作り、イメージを頭に描こう！
- 例文を音読して、体に覚え込ませよう！
- 文法はパズルのようなもの。楽しもう！

文法

文法攻略が、仕事で使う英語の鍵！

「ビジネスで使う英語の鍵は、文法にある」

そう聞くと、あなたは意外に感じるでしょうか。

でも実はこれ、僕が英語を仕事で使ったり、周りの人たちが英語に直面していったりする中で強く感じてきたことです。

自分では「英語ができない」と言いながらも、程なくしてほとんどの英文メールの意味を理解し、返信までできるようになってしまう人がいる一方で、**同じように仕事で英語に触れていても、なかなか英語がものにならない人**もいます。

「その差は何だろう？」とあれこれ考えた末に、たどり着いた答えが「文法」です。

TOEICでも同様のことが言えます。同じぐらい時間をかけて勉強していても、**スコアが上がるのが速い人とそうでない人では、文法の理解に差がある場合が多い**のです。

英語学習は基本的に、「とにかくたくさん量をこなして慣れる」ということにかかっていますが、文法に関しては、理論立てて文の構造を理解する工程が発生します。例えば、「You will **be required**.（あなたは要求されるでしょう）ということは、willだから起きるのはこれから先のこと。be requiredと受動態になっているから、要求するのではなく、自分（You）が要求されるのか……」と、考えながら読まないとわからないこともあります。

このため、文法は英語学習の中でも特に、いかにも「勉強」という色合いが強いと感じられやすいかもしれません。

だからなのか、中学や高校の頃、英語が苦手だった人に理由を聞いてみると、「文法がわからなくなってから挫折した」という答えが返ってくることが多いです。

でも、あなたが中学・高校で文法につまずいたとしても、心配はいりません。**大人になったあなたは、学生時代よりも理論的に物事を考える力が圧倒的に高まっています。そのため、今から文法の復習をすることは、想像するほど難しくありません。**

もしあなたが文法に苦手意識があるのなら、早い段階で復習して、一通りのルールを押さえましょう。なぜなら**文法は、リスニング、リーディング、スピーキング、ライティングという、英語のすべてのスキルに影響を及ぼす**からです。

1つ例を挙げると、Should you have any questions, please let me know.という文が出てきたときに、「仮定法では主語とshouldを倒置したときにifが省略される」という文法がわかっていれば、この英文を見て「もし何か質問があれば、お知らせください」という意味を導き出せます。しかしそうでない場合、「ん？『あなたは何か質問があるべきですか』ってどういうこと？」と、迷ってしまいますよね。

「文法」は、単独で成立するものではなく、英語全体にまたがっている不可欠なパーツだと言えば、イメージしやすいでしょうか。

英語ネイティブでもなく、子どもの頃から英語に慣れ親しんできたわけでもない普通の会社員にとって、文法をマスターすることは、英語を使う際の強い味方になります。

また、異動や転職で自分の職場が変わっても、また時代が変わっても、英文法はそう急に変化することはないので、一度理解して使えるようになれば、とても汎用性の高い、お得なものだと言えます。

ぜひ後回しにせずに取り組んで、TOEICスコアや仕事の英語にどんどん効果が表れる醍醐味を味わってくださいね。

まとめ

- 英語が仕事ですぐ使えるようになる人や、TOEICスコアが上がりやすい人の共通点は、文法が理解できていること！
- 文法の理解は、英語のすべてのスキルに影響を及ぼす！
- 大人は子どもと比べて物事を論理的に考えられるので、文法を覚えるのに有利！

リスニング

TOEICのリスニングセクションは、仕事で使える英語を身につけたい人に最適

世の中に数多くあるリスニング教材。

その中から、一体何を選んで聴けばいいのでしょうか？

僕自身も、この本を書く約5年前に英語学習をすると決めた後、どれがいいのか見当もつかなかったので、何となく選んだ英会話用のCDを試してみましたが、全く聴き取れず、興味も持てず、続きませんでした。

TOEICの受験を申し込んではいたのですが、当時はまだTOEICをテストとしてしか見ていなかったため、TOEICの問題集の音声を繰り返し聴くのも大変だと感じていました。

ところがその後、テスト対策のつもりで聴き始めた**『TOEICテスト新公式問題集』をはじめとしたTOEIC関連教材のリスニングセクション（PART 1 ～ PART 4）が、実はビジネスパーソンにとってリスニングスキルをつけるのに最適な素材**だということがわかってきました。

理由は3つあります。

1. 英語で仕事をするには、TOEICのリスニング問題が聴き取れるレベル以上であることが望ましい

実際に仕事で英語を聴く機会がある場合、それはほぼ、TOEICのリスニングセクションよりも速いスピードで、時には癖のある発音、こもった声、小さな声、ノイズ混じり、といった音声になるでしょう。僕自身も、仕事で聴く英語がTOEICのリスニングセクションより易しいと感じたことはありません。

かといって、TOEICより難しい教材から始めても、挫折してしまう人が多いと思います。そのため、**TOEICの問題集は、仕事で使える英語をこれから身につけたいビジネスパーソンにとって、ぴったりのリスニング教材**だと言えるのです。

2. 実際の会社での仕事を考えると、TOEICリスニングセクションの間（45分間）だけ集中できれば十分

実際の仕事で英語を聴く場合、例えば1時間ずっと、すべての会話を聴き取らないといけないということは、それほど多くないのではないでしょうか。

僕の場合も、英語での会議が1時間続いたことがありましたが、本当に自分が集中して聴く必要があったのは、そ

の中の一部分だけでした。

つまり、「仕事で英語を聴く」といっても、勤務時間中ずっと、何のヒントもなく、どんな英語で話しかけられても常にパーフェクトに理解しないといけない、というわけではないのです。

思い出してみてください。あなたが日本語で仕事をしているとき、同僚は１日中、ひっきりなしにあなたに話しかけてくるでしょうか？　また、話しかけられた言葉をすべて一度で聴き取り、理解しているでしょうか？

実際には、会議や電話などで話をするのは勤務時間の一部で、メールやチャットでやりとりをしたり、資料を参照したりするなど、「読み書き」のコミュニケーションも結構多いのではないでしょうか。

１日中会議や打ち合わせで話すこともあるかもしれませんが、テーマは決まっていますよね。また、相手の言葉が聴き取れずに聞き返すこともあるのではないでしょうか。

英語でも、基本的には同じです。ビデオ会議や電話会議を行うことはあるにしても、海外との時差の関係もあって、むしろ**国内との取引のときよりも会議の頻度は減り、メールやチャットのやりとりが増えてくる**ものです。また、電話会議などで相手の言った言葉を一度ぐらい聞き返しても、多くの場合、問題になりません。

一方、TOEICのリスニングでは約45分間集中して、ナレーションを聴き取ることが求められます。英語が流れるのは1回きりです。**このテストに取り組めるだけの集中力があれば、仕事で十分にやっていけるレベル**だと言えるのではないでしょうか。

3. 誰とでも話題にできるメジャーなトピック

TOEICは今や、日本のビジネスパーソンにとって、間違いなく一番有名な英語のテストです。

英語にあまり関心のない上司や部下でも、TOEICなら聞いたことがある、という人が多いのではないでしょうか。

この多様化の時代に、TOEICほど共通の話題として話せるテーマは、そうありません。

英語を学ぶビジネスパーソンにとってTOEICは、そんな機会を提供してくれるトピックなのです。

まとめ

- TOEICは、仕事で英語を使うためのリスニング対策として、まず取り組むのに最適！
- TOEICのリスニングセクションで、約45分間に一度も聴き漏らさないように臨む集中力は、仕事の英語で十分通用する！
- TOEICは、日本のビジネスパーソンの間で一番有名な英語のテストなので、話題にしやすい！

リスニング

TOEIC Presents English Upgrader+ 活用法

ビジネスパーソンが英語を仕事に活かすための実用的なリスニング教材として、大変おすすめなのが、English Upgrader+です。
「TOEIC SQUARE」のWebサイト、もしくはスマホのアプリで会員登録して、利用することができます。
(http://square.toeic.or.jp/kyouzai/englishupgrader/)

数ある英語学習用のWebサイトやアプリの中から、これをおすすめする理由は、3つあります。

1. 必要なすべてのツールが揃っている

リスニング教材として、英語学習者にとって必要な

- **ポッドキャスト（英語の音声）**
- **英文スクリプト（台本）**
- **スクリプトの日本語訳**

が1つのサイトに揃っていて、とても便利です。忙しいときにも、教材をあちこち行き来することなく、お手本を聴

けて、英文を読めて、日本語訳で意味を理解できます。

2. オフィスで使える実践的なシチュエーション

様々なシチュエーションでの会話が用意されています。**実際にビジネスの現場で起きそうなもの、かつ具体的なシーンばかりなので、とても実用的**です。

例えば、「プロモーションのプランをプレゼンテーションする」「新しく立ち上げるサイトについて説明する」「お客様からのお問い合わせに答える」「採用面接」の会話など。さらに「見積依頼書」や「議事録」など、文書のテンプレートも豊富です。

きっとこれらの中から、「これは自分の仕事の場面で使えそうだ！」と思えるような、ぴったりのコンテンツが見つかるはずです。

3. 日本のTOEIC実施団体が提供している

English Upgrader+を提供している団体は、国際ビジネスコミュニケーション協会です。日本でTOEICを実施する団体です。

そのため、TOEICでもビジネスでも使われる語彙や表現をたくさん盛り込んで制作されていますので、**TOEIC学習で身につけた英語を仕事で実践的に使えるように練習するための教材として、English Upgrader+がこの上な**

く相性がいいことは、言うまでもありません。

ぜひ、ここでビジネス英語のベースを身につけ、慣れてきたら徐々に自分の職場で使う専門用語や、他の教材で仕入れた知識を取り入れていきましょう。

ではいよいよ、English Upgrader+の効果的な使い方を説明します。

ステップ1. まずは音声を聴く

まずは、ポッドキャストで音声を聴いてみます。聴き取れない箇所があっても、この時点では**まだスクリプト（台本）を見ずに、発音やトーン、テンポに集中**します。

ステップ2. スクリプトを音読

スクリプト（台本）を声に出して読みます。**1で聞こえたとおりに読み上げることを意識**します。この段階で、知らない単語や、語と語がつながって聴き取れなかったところを調べます。

ステップ3. ロールプレイング

さらに、会話のスクリプトを見ながら、英会話の先生や英語学習仲間とロールプレイングで練習できればなおよいでしょう。

オンライン英会話であれば、スクリプトのPDFファイルのURLをチャットボックスに入れると、先生とスクリプトを共有することができます。

実際に使うときのことを意識して体に覚え込ませておくと、いざ仕事でこうした場面に遭遇したときに、慌てずスムーズに英語が口をついて出るようになります。

まとめ

- English Upgrader+は、音声、英文スクリプト、日本語訳と、必要なものがすべて揃っているのでおすすめ！
- English Upgrader+は、ビジネスの場面を想定した会話の音声が豊富なのでおすすめ！
- 「音声を聴く→音読→ロールプレイング」のステップで、実践レベルのスキルが身につく！

リスニング

YouTubeで、場面まるごと吸収する

英語のリスニングに使えるインターネット上のコンテンツとして、ぜひ活用していただきたいのが、YouTubeです。

改めて説明するまでもなく、世界で最も有名な動画サイトです。

他にも数多くある素材の中から、リスニング学習にYouTubeをおすすめする理由は次のとおりです。

何でも見つかるバリエーション

洋画、洋楽、日本人の英語、ニュース、学習教材、アニメなど、好きなものを好きなだけ視聴できます。関連動画がサイドに表示されるのも、数珠つなぎ的に視聴できていいですね。

短めなので、出先で繰り返し観るのに最適

YouTubeの動画は**長くても10分程度のものが多い**のですが、この短さこそが、YouTubeを英語学習教材としておすすめするポイントの1つです。

忙しいビジネスパーソンにとって、iPhoneなどのスマ

ホを使って出先でYouTubeを視聴するのは、時間つぶしにもなって一石二鳥ですよね。

その際に、あまり長い動画だとしばしば途中で止めなければいけなくなって、あまり先に進めず、続きを観るのも面倒になってしまうことがあります。

また、**英語を身につける上で大切なのは反復すること**ですから、その点でも、**短い動画を無理なく何度も繰り返し観られるYouTubeは、効果的な学習素材**だと言えます。

掘り出し物が見つかる

YouTubeでは、メジャーなものだけではなく、**レアな映像、懐かしい映像もたくさん見つかります。**

例えば、海外のテレビ局がアップしているハリウッドスターのインタビューなどは、日本ではなかなか観られない、貴重な映像ですよね。

僕もアメリカのニュース番組で、大好きなX JAPANのYOSHIKIさんのことが取り上げられた映像を見つけたときは、大変興奮して、繰り返し観ていました。

次に、どのようなコンテンツがおすすめなのかをご紹介します。

憧れのビジネスパーソンのインタビュー動画

会社員が仕事で英語を話すときは、一方的に1人で長い英語を話すというより、誰かとの会話がメインとなることが多いでしょう。

また、仮に1人で長いプレゼンを行ったとしても、質疑応答で会話が必要になりますよね。

インタビュー動画は、会話のやりとりを学ぶのに大変おすすめです。あなたの憧れのビジネスパーソンをキーワード検索して、そのインタビュー動画を観てみましょう。

例えば僕の場合は、Zappos(ザッポス)のCEOのトニー・シェイさんが大好きなので、"Tony Hsieh Interview"などと英語で入れて検索していました。

あなたの業界に関する動画

あなたがいる業界、もしくは興味のある業界・職種が取り上げられている動画は、**その業界が日本以外ではどのような状況なのか、ビジネスパーソンはどのような働き方をしているのか**を、映像でリアルに感じることのできる、貴重な情報源です。

日本で働いているあなたとの意外な共通点や違いを発見して純粋に楽しめますし、いい刺激を受けて、明日からの仕事にもより広い視野で取り組めるようになるでしょう。

YouTubeには、**その業界を取り上げたニュース番組や、**

企業が投稿した自社紹介動画、その職種の人のスキルアップのためのHow toものなど、あらゆる種類の映像を見つけることができるため、様々な角度から学べて、飽きずに観続けることができます。

僕の場合は、自分の勤務する業界として、"call center news"、"how to support customers"などと入れて検索していました。

洋画のワンシーン

YouTubeには、洋画の動画もたくさんアップされており、たくさんの映画の予告編を観ることができます。

ここでも、**おすすめはやはりオフィスでのビジネスシーンの出てくる作品**です。

前述のように、YouTubeにある動画は短めのものが多いです。約2時間もの映像の中から印象的な場面を選んでアップされているでしょうから、あなたが実際に使いたくなるような名ゼリフ、名シーンを、繰り返し観られます。

洋画は、数億円規模の制作費のかかった、最も贅沢な英語学習教材と言えます。YouTubeではその一部を無料で見せてもらえるのですから、活かさない手はありません。

僕の場合は、ウィル・スミス主演の『The Pursuit of Happyness』(『幸せのちから』、正しくはHappiness)をよく観ていました。証券会社でのシーンも多く出てきて、アメリカのオフィスの様子を知ることができます。

とにかく好きなもの

ここでは、ビジネスに関係なく、**とにかく好きなジャンルの英語の動画**を何回も観ましょう。**目安は、100回以上観ても飽きずに楽しめる映像**です。100回と聞くと大変そうに思うかもしれませんが、100回をノルマとは感じず、気づけば100回以上観ていた、となるような内容のものを探すのがポイントです。いわゆる、**「ハマる」状態は、物事の習得を最高に加速させます。**

100回は、1日3回なら1カ月強で、1日1回でも3カ月強でクリアできる回数です。勉強と考えなければ、誰にでも、それぐらい何度も観たくなるものがあるのではないでしょうか。スポーツ、料理、アニメ、旅行、車、何でも構いません。あなたの「好き」を英語で楽しみましょう。

日本人の英語

世界を舞台に活躍する日本人の英語を視聴するのは、大変励みになります。

中でもおすすめしたいのが、神田瀧夢（Rome Kanda）さんの動画です。

アメリカの人気テレビ番組の司会者として活躍するという、まさにアメリカンドリームを手に入れた人です。

2010年のTEDex Tokyoの動画では、彼が英語で観客を笑わせ、感動させ、完全に惹きつける様子が収められていますので、ぜひ観てみてください。**日本人らしい英語の発音で、シンプルな英語表現を使ってこんなふうに世界の舞台に立つこともできるのだ**と、大きな勇気をもらえるはずです。

また、“Rakuten Mikitani English interview”、“YOSHIKI English interview”など、世界で活躍する日本人の方々の動画を検索して観るのもよい刺激になります。

まとめ

- YouTubeは、リスニング素材の宝庫！
- バリエーションが豊富で、短いので忙しい人でも視聴しやすく、掘り出し物も見つかる！
- おすすめは、ビジネスパーソンのインタビュー、自分の業界のもの、洋画のワンシーン、自分の好きなジャンルのもの、世界で活躍する日本人の英語！

リスニング

BBC NEWS LIVE RADIOで、本場イギリスのラジオを楽しむ

リスニングについては、僕自身、PodcastやTOEIC模試の音声、YouTubeなど、いろいろと聴いてきました。

その中で1つおすすめしたいのが、**スマホのアプリで聴けるBBC NEWSのLIVE RADIO**です。BBCは、イギリスの公共放送局「英国放送協会」です。

BBC World ServiceのWebサイトで聴くこともできますし（http://www.bbc.co.uk/worldserviceradio）、スマホで聴くのも、通勤時間などをフルに利用したい人にとって便利です。

なぜ、BBC NEWSのLIVE RADIOがおすすめなのでしょうか。

この音声は、その名のとおり、ラジオです。スイッチをONにしたときに、「今日はこれから、どんな話題が流れてくるのだろう」というワクワク感があります。

また、これは英語学習者用ではなく、**一般の人に向けたラジオ**です。ニュースなので、自分の好きな内容ばかりとは限りません。政治、経済、テクノロジー、文化など、バラエティーに富んでいますので、**英語学習だけにとどまらず、ビジネスパーソンとしての情報収集にもなります。**

リーディング

TOEICのリーディングセクションは、あらゆるレベルをカバーする驚異的な教材

英語のリーディングスキルを身につけるため、また英語を仕事に活かすために、どんな英文を読めばいいのでしょう？

本書では、**断然TOEICのリーディングセクション（PART 5 ～ PART 7）対策に力を入れることをおすすめします。**

TOEICは試験ですので、スコアアップを目指すことも大事ですが、対策教材をそのためだけに使うのはもったいないです。TOEICのリーディングセクションの問題は、英語自体を読む力をつける、コンテンツ自体を読んで楽しむ、という観点でも、大変優れた素材なのです。

理由は5つあります。順番に見ていきましょう。

1. 文法、語彙、読解を学べるバランスのよさ

TOEICのリーディングセクション（PART 5 ～ PART 7）のうち、PART 5では主に文法や語彙、PART 7では主に読解、PART 6ではその両方を問われます。

これら3つの要素は、仕事で英語を使う上で非常に大切な要素です。文法を間違えたために相手に誤解されたり、

また、メインパーソナリティはプロですから、とても**リアでいい声をしていて、聴いていて大変心地よい**です。

そうかと思えば、ところどころ入り込むインタビュー箇所はノイズがあったり声がこもっていたりすることがあり、例えば仕事の電話会議で体験するような、**リアルな現場に近い音声**も聴くことができます。

また、BBCのナレーションはイギリス英語です。

TOEICでも登場するイギリスの英語の発音に慣れることができるのも、この音声の大きなメリットです。

僕はTOEICのリスニングセクションでイギリスやオーストラリアの発音が苦手で、アメリカやカナダの発音に比べて聴き取りづらく、苦労していました。

それが、BBCを聴き始めてからは少しずつ発音に慣れ、TOEICでも苦手に感じなくなっていきました。

このように、様々な効果のつまったBBC NEWSのLIVE RADIOを、あなたもぜひ活用してください。

まとめ

- イギリスの本物のラジオを楽しめる！
- 英語学習と、ビジネスパーソンとしての情報収集が同時にできる！
- イギリス英語に慣れることができる！

ビジネスで一般的に使われる語彙を押さえていなかったり、迅速で的確な読解ができなかったりすると、仕事に支障をきたしかねませんからね。

TOEICのリーディングセクションの学習を進めるうちに、文法、語彙、読解が確実に身についていきます。

2. 短文から長文まで、幅広いバリエーション(PART 7)

英語学習を始めた頃に英文を読む練習をしようとすると、なかなか自分に合うものを探すのが難しいものです。興味を持てる内容のもの、例えばビジネス書やビジネスニュースだと英語が難しめですし、反対に易しい英文、例えば子ども向けの物語だと内容に入り込めないことも多いです。

その点、TOEICでは、300点の人も600点の人も900点の人もみな同じ試験を受けるため、PART 7には短く易しい英文も長く難しい英文も揃っています。

TOEIC対策書で、PART 7の問題に取り組み、解いた後には長文を**じっくり読んで文の構造を理解し、知らない語彙を調べ、音読もして**、十分に活用するのがおすすめです。

3. ビジネスパーソン向けのトピック

僕が仕事で英語を使うようになってからよく感じることですが、**TOEICに出てくる表現はそのまま仕事で使える**

ものが多いです。トピックも、ビジネスパーソンにとって興味深いものや、読めるようにしておいたほうがいいテーマのものをよく見かけます。

ニュースの記事や、イベントの手配、見積書、広告、求人応募メールなどなど。

業界や職種が違っても、何かしら仕事に関わりのある内容ではないでしょうか。

テストの問題なのに、これだけリアルさを感じさせるクオリティというのは、改めて考えると驚きです。

スコアを取るためのテストとしてだけ付き合うのではなく、文章の内容自体を楽しむようになれれば理想的です。

4．ポイントをすばやく捉える訓練ができる（PART 7）

TOEICはテストなので、**設問と時間制限**があります。この２つによって、**「ポイントを捉えてスピーディーに読む」という、仕事で英文を読む際に必要なスキルを身につける訓練ができる**のです。

PART 7では、長文の概要や、文章の書き手が相手に望んでいること、細かな注意事項などが設問で問われます。そこで正解を探す意識を持ちながら長文を読んでいくと、最初から最後まで同じ力の入れ方で読むよりも、能動的にポイントをつかんでいこうとする姿勢になります。**これはまさに、仕事で英語を読むときに必要なスキル**です。

また、時間制限という点では、PART 7を時間内に解こうとすると、1問にかけられる目安は約1分です。これを、長文を読み飛ばさずにクリアするには、かなり速いペースで読む必要があります。

が、**実際に仕事で英語を読むときには、これぐらいのペースで読めないと間に合わない**ことがよくあります。つまり、1問1分というのは、とても現実的なペース設定と言えます。

PART 7は、ポイントをすばやく捉えるスキルを、いつの間にか鍛えてくれるのです。

5. モチベーションを高める、スコア連動

英文を読む練習を続けていくと、「何となく前よりも読む速度が上がってきたな」と感じられる瞬間が何度か訪れますが、やはり、成果がはっきりと目に見える形で表れたほうが嬉しいものです。

その点、**TOEICでは、レベルの向上がスコアという数字ではっきり表れますから、学習者にとって大きなモチベーションになります。**これはリーディングだけでなく、リスニングについても言えることです。

頑張って勉強したはずなのに、スコアが下がってしまった……ということも起きるかもしれません。でもそこはぜひ肯定的に考えましょう。読む練習を続けてスコアが上がれば、あなたのリーディングスキルは間違いなく上がって

います。スコアが下がったということは、練習法の見直しが必要ではありますが、取り組んできたことは確実に身についています。

この考えは、仕事をする上でも非常に大切です。結果を素直に受け止めた上で、肯定的に考えて次に向かいましょう。

自分の英語力が数字で表れるTOEICをこんなふうに活用すれば、**リーディングスキルだけではなく、仕事のスキルも向上させられます。**そう思うと、ますますモチベーションが高まってきませんか？

まとめ

- TOEICのリーディングセクション対策によって、仕事の英語に必要な語彙、文法、読解をバランスよく身につけられる！
- TOEICの題材は、ビジネスパーソンにぴったり！
- TOEICのPART 7は、仕事で英語を読むときに最も大事な「ポイントを捉えてすばやく読む」トレーニングになる！

リーディング

インターネット上の英語ニュースで学ぶ

BBC NEWS

今やインターネット上に無数の英語のサイトがあり、世界中のニュースに、いつでもどこでもアクセスすることができます。しかもその多くが無料で読めてしまいます。英語を学ぶ僕たちにとっては、本当にいい時代です。

その半面、たくさんありすぎてどのサイトを選べばいいかわからない、または、英語だけで書かれているためどのように学習に利用すればいいかわからない、という人も少なくありません。

日本人向けの英語学習教材であれば、数もある程度絞られますし、日本語で解説や訳がついていたりして使い勝手がよいですから、それと比べてインターネット上の英語ニュースを読むことにハードルが高いと感じるのも、無理のないことです。

そこでこのページでは、**僕のおすすめするニュースサイトと、それを使った学習法**をご紹介します。

まず、おすすめのニュースサイトですが、1つに絞るとすると、**リスニングのところでラジオをご紹介したBBC NEWS**です。

おすすめポイントは、大きく3つあります。

1. 記事が短め

BBC以外にも、The New York TimesやCNNなど、有名なニュースサイトはいくつもありますが、**BBCのサイトでは、1つひとつの記事が短め**です。英語を読むことに慣れていない段階では、パソコンやスマホの画面をどれだけスクロールしても終わりの見えないような記事を読み切るのは、なかなか大変です。いくつかに分けて読む手もありますが、**一気に読める喜びはやはり格別**です。しかも、学習者用にレベルを落としたものではなく、**イギリスで読まれている本物の英語を、英語学習者でも楽しめる**という点が、まず最初のおすすめポイントです。

2. ラジオが聴ける

先述のとおり、Webサイトやアプリでラジオが聴けるので、リーディングだけでなくリスニング用としても活用できるのがいいところです。

3. 世界的に有名な放送局のニュースを直接読める

BBCと言えば、世界中で知られているイギリスの放送局です。

そんな有名なニュース記事を、日本語の翻訳記事ではなく英語で直接読めるのは、やはり英語学習の醍醐味です。

The Japan Timesなど、日本のことについて英語で書かれた外国人向けのニュースサイトも大変勉強になると思います。しかしBBCなど海外から発信される国際ニュースは、日本以外の国で起きた出来事について読めるため、英語教材を読むというより、**英語を使って新しい情報を知っていくワクワク感を得ることができます。**

では次に、このBBC NEWSを活用した学習法をご紹介していきます。

ステップ1．まずは記事を1日に1つ読む

まずは、**記事を1日に1つ読むことを目指しましょう。**BBCのサイトで、ワールドニュース、アジア、ヘルス、エンターテイメントなど様々なカテゴリーの中から、「これは面白そうだ」と感じるものを選びましょう。僕はよく、テクノロジーやビジネスのカテゴリーで、自分の知っている製品や企業のニュースをチェックしています。意味のわからない単語は、1つひとつ調べます。BBC NEWSをスマホのアプリで読み、単語の意味も辞書アプリで調べると、通勤時間やスキマ時間に、手軽に学べて便利です。

単語の意味は、その場で記事の意味を理解できれば、ずっと覚えておかなくても大丈夫です。というのは、重要なものはまた別の記事でも出てくるので、記事の内容とともに覚えていけるからです。

また、そのテーマについて書かれた日本語の記事があっても、まずは英語の記事を読むことをおすすめします。その理由は、日本語で内容を知っていると、英語で直接理解する快感が味わえないためです。ただ、どうしても英語の記事だけでは読み進めることが難しく、ギブアップしそうになるなら、最初のうちは日本語の記事を先に読んでおくのもよいと思います。

ステップ2．記事を１日に３つ読む

ステップ１と同じやり方で、**記事を１日に３つ読むことを目指しましょう。**

ステップ3．スピード重視で読む

今度は、内容理解よりスピード重視で読みます。わからない単語があってもその都度意味を調べることはせず、途中で文の最初に戻ったりしないで読み進めます。

まず最初に全体の文の量を確認し、その後**「よーい、ドン！」でスタートし、集中力を高める**のがコツです。意味のわからない単語は、読み終えた後に調べます。

ステップ4．興味のない記事を読む

あえて、興味のない記事を読みます。いつも読んでいた興味のあるカテゴリーでは使われていない語彙を学べますし、興味がない文章を読むには**より高い集中力が必要**ですから、いいトレーニングになります。

これにより、**記事の種類による苦手意識もなくなってくるため、TOEICのPART7でどんなジャンルの長文が出ても慌てなくなります。**

英語学習を開始して間もない人からすると、BBC NEWSは敷居が高く感じるかもしれませんが、ステップを踏めば、徐々に読めるようになっていきます。

英語を学ぶのと同時に、ビジネスパーソンとして知っておくと有益な世界経済や企業の話題を知ることができるBBC NEWS。

日経新聞を読む同僚はたくさんいるでしょうから、あなたはBBC NEWSを読んで、お互いに読んだ記事をシェアし合ってみてはいかがでしょうか。会社のチームとしてより幅広い情報源を得ることになりますから、英語を仕事に活かすためにも、ぜひおすすめしたい方法の1つです。

まとめ

- 世界のニュースを直接読める！
- BBCは、英字新聞の中でも記事が短めで読みやすい！
- ラジオでリスニングができるのもいい！

リーディング

英語の求人サイトを読んでみる

今の時代のビジネスで使われている英語を知るための最も手軽な方法の1つに、英語の求人情報をインターネット上で読んでみる、というものがあります。“find a job”や“job search”で検索すると、様々な求人サイトがヒットします。

これは**ある意味で、最高のビジネス英語教材**です。

理由は、5つあります。

1. 業界や職種を絞り込んで英語が読める

インターネット上や書籍にある無数の情報の中から、自分の仕事に合った英文をすぐに探し出すのはなかなか大変です。その点、英語の求人サイトでは、あなたが働いている、もしくは働きたい業界や職種に情報を絞り込めますので、あなたが**仕事で使いたい英語の表現へとすぐにたどり着くことができます。**

2. 無駄なく有益なビジネス表現

求人広告は、スペースの大きさによって値段が変わるところが多いため、使える文字数が限られています。また、同じ業界で競合する企業も求人を出しているかもしれませんから、優秀な人材を惹きつけようと、**無駄を省いた効果的な表現になるよう、文章が練られている**はずです。磨き抜かれた英語表現を学べるのは、大きなメリットです。

3. 自分の業界の、最新のグローバルな市場動向がわかる

求人サイトに載っているのは、最新の情報であるため、**あなたの業界が今、世界的にどのような状況にあるのかをチェックすることができます。例えば、グローバル企業で「勤務地が日本」という求人が増えていれば、その業界が日本でのビジネスを拡大する傾向が伺えます。**これも求人広告の面白いところです。**ニュースとして報じられるのは、ごく一部**ですからね。

4.「英語をマスターしたらこんなに給料が上がる！」とモチベーションが上がる

求人情報ですから、給料について書かれていることが多いです（ない場合もあります）。日本では、**英語を使う求人（海外との取引がある仕事）は、英語を使わない仕事（国内での取引しかない仕事）よりも収入が高い場合が多い**です。それを目の当たりにすると、やはり学習のモチベーションが高まりますよね。

5. 案外読みやすいし、コンテンツも面白い

慣れないうちは難しく感じるかもしれませんが、実際に読んでみると、求人情報は形式がほぼ決まっていて短めの文章ですし、**自分の業界で必要なスキルなどが書かれているので、案外読みやすい**ものです。また、動画が載っていたり、面接のコツが書いてあったりして、コンテンツとしても楽しめます。英語の求人サイトといっても、日本の求人サイトと同じような作りですから、難しく考える必要はありません。

いかがでしょうか。英語の求人サイトを、転職活動中の人だけのものにしておくのは、もったいない気がしませんか？

まとめ

- 英語の求人情報は、転職する気のない人にとっても役立つ！
- 業界、職種を絞って、ビジネス英語表現を学べる！
- グローバルな市場の動向や、収入の相場もわかる！

英語の求人サイトと日本語の求人サイトの作りは似ている

Project Manager	
Company Name	ABC Internet Solution
Work Place	Tokyo, Japan
Annual Salary	○○-●●
Job Description	ABC Internet Solution is seeking a Project Manager to be responsible for leading a team of 20 members. You will be responsible for strategic planning and execution, training and recruiting new members, setting and achieving goals, profit and loss management, as well as closely coordinating with other teams.
Requirements	● At least 3 years related work experience ● High level problem solving abilities ● Excellent communication skills ● Strong leadership ● Goal-oriented

プロジェクトマネージャー	
企業名	ABCインターネットソリューション
勤務地	東京
年収	○○～●●
求人概要	20名程度のチームの管理をお任せします！ 戦略計画と実行、メンバーの採用や教育、目標の設定や達成、損益管理、他チームとも密な連携を含む、やりがいのある仕事です！
求められる条件	● 3年以上の経験 ● 高い問題解決能力 ● 優れたコミュニケーションスキル ● 強いリーダーシップ ● 結果重視

リーディングスキルが格段に上がった方法とは、洋書を1冊読み切ったこと

僕は英語の勉強を始めたとき、内心「リスニングよりもリーディングのほうができるかもしれない」と思っていました。中学や高校の英語の授業でリスニングはなかったけれど、読解や文法はそれなりに習ったからです。

それなのに、２カ月間かなり勉強してから受けた初めてのTOEICで、リーディングセクションのスコアは200点台（495点満点中）で、リスニングセクションのスコアより低いものでした。

ところが、TOEIC対策とは別に実行した**あることのおかげで、その１年後に僕のリーディングスコアは200点近くもアップ**して460点になり、日本の受験者の上位約１％以内に入ることができました。

そのあることとは、**【英語の難易度は気にせず、自分が本当に読みたいと思える英語の本を、１冊読み切ること】**です。

僕が１冊目に選んだのは、『The 7 Habits of Highly Effective People』(Stephen R. Covey著 / Free Press)。日本でも『7つの習慣』というタイトルで翻訳出版され、ロングセラーとなっています。

この原書は、約400ページ、10万ワード（文字数では

なく単語数です）という大作ですが、これを４カ月かけて読み切りました。

一般的には、最初に読む洋書としては、もっとボリュームの少ない、難易度の低いものから始めるようすすめられると思います。

「１冊めに『7 Habits』なんて難しすぎるから、もっと易しいものから始めたら？」と言う方もいるでしょう。

でも、僕はそうしませんでしたし、特に30代以上の方に向けては、初級用や子ども用の書籍から始めることをおすすめしていません。その理由は、大人にとっては内容が面白くないものが多いからです。

どれだけ易しい英語で書かれていても、**内容に心から興味を持てないと、洋書を１冊読み切るのは難しい**ものです。僕も、『Alice's Adventures in Wonderland』（不思議の国のアリス）や『Winnie-the-Pooh』（くまのプーさん）にチャレンジしてみましたが、最後まで読めませんでした。

難しめの英語書籍を読み切るメリットは、まだあります。

自分がとても無理だろうと思うような本を読み切ると、大きな自信につながりますし、英文を読む力が飛躍的に上がります。

僕自身も、『7 Habits』を読み切った後は、**どんな英文にもひるまなくなり、それまでとても長いと感じていたTOEICのPART 7の長文も、短く感じるようになりました。**

逆に、易しいと思って選んだ初級用教材を最後まで読めなかった場合には、自信を喪失しかねませんし、読み切れてもそれほど大きな達成感や成長は得られないのではないでしょうか。

また、ボリュームのある洋書を1冊読み切ると、様々な英語表現に触れることになります。

教材ではないので、学習者向けに易しく書き直されたものでなく、言わば**本物の英語しか使われていません。**

そうした英語を仕入れることは、リーディングだけではなく、リスニング、ライティング、スピーキングにも役立ちます。

実際に、僕も**『7 Habits』で仕入れたビジネス表現を、英語でレジュメを書く際や、英語面談で話す際に使いました。**

わからないところもたくさん出てきますが、だからこそ多くのことを学べます。

「読みたい！」と思う書籍を選べば、「わからない！でも読みたい！」という気持ちにつながりますので、辞書や文法書を自分から調べたくなります。

その結果、**ボキャブラリーも格段に増えますし、正しい文法も学べます。**

英語での読書は、楽しみながら大量の英語を仕入れることができ、TOEICのリーディングセクションの読解力向上にもつながりますので、ぜひ取り組むことをおすすめします。

まとめ

- 英語の難易度に関係なく、自分が本当に読みたいと思う洋書を1冊選んで読み切ろう！
- ビジネスに関連した本だと、表現を仕事でそのまま使える！
- 1冊読み切った後は、TOEICのPART 7の文章が短く感じられる！

リーディング

洋書を初めて読み切るための工夫あれこれ

洋書に初めてチャレンジする人が1冊読み切るのは、楽なことではありません。

楽なら、効果もあまりありませんからね。

そんなわけで、**最後まで読み切るためには、やはりあの手この手で工夫が必要**になってきます。

僕自身も、オーディオブック（本を朗読した音声）で著者が朗読している声色を真似して音読したり、読む姿勢を変えたり、場所を変えたり、電車で隣の人にチラ見せして「英語読んでるんだ、すごーい！」と思ってくれないかなと考えたり、電子書籍を読むときはiPhoneの画面を縦にしたり横にしたり、文字の大きさを大きくしたり、あれこれやりました。

まずはとにかく、**あなたが一番読みやすく、飽きないセッティングや環境**にしたほうがいいです。

その上で、一番重要なことを書きます。

それは、**【1冊目の第1章さえ乗り越えれば、あとは読み切れる】**ということです。

一番大変なのは、初めて読む洋書の最初の章です。

わからない単語はたくさん出てくるし、文章は長いし、どんな内容かもよくわからないし……。多くの人は、ここで挫折するようです。

でも、**そこさえクリアできれば、どんどん読めるようになります。**

その本で著者がどんな主張をしているのかは、第1章を読めば大体つかめてきますし、**同じ単語が繰り返し出てくることも多い**ため、毎回調べなくても前後の文脈で意味を推測できるようになってきます。

著者の文体にも慣れ、**読むスピードが上がってきます。**

そのうち、英語の勉強というよりも、書籍の内容自体を楽しめるようになります。

次に、僕のおすすめの読み進め方をご紹介します。

ステップ1．英和辞典で調べながら読む

最初は何もわからない状態に近いので、時間はかかりますが、知らない語彙が出てきたら英和辞典で**1つひとつ意味を調べます。**Weblio（http://ejje.weblio.jp/）や英辞郎(http://www.alc.co.jp/)などのインターネット辞書を使ってもよいでしょう。文法がわからない場合は、文法書で調べてきちんと理解してから次に進みます。

時間はかかりますし、その度に読書は中断されますが、**その本を読む土台を作るために必要な工程**と考えてください。そのまま読んでいても意味不明でつらいままですから

ね。

なお、Kindleなどで電子書籍を読む場合は、知りたい単語にカーソルを当てるとすぐに内蔵辞書の意味が表示されるため、読書が中断されにくく便利です。英和辞典と英英辞典を切り替えて使うこともできます。

ステップ2．英英辞典で調べながら読む

読むのに少し慣れてきたら、Longman Dictionary of Contemporary English（http://www.ldoceonline.com/）などの**英英辞典を使って単語の意味を調べてみましょう。**意味もすべて英語で書かれているので、大変かもしれませんが、英文の解説を読むトレーニングができます。

英英辞典では、英語を別の言葉で説明しているので、TOEICでよく問題に出る**「言い換え表現」を学ぶこともできます。**

文章の読み方は、「精読」と「速読」を交互に行います。「精読」は、文の細かい意味や構造までしっかり把握することを意識しながら読んでいく読み方で、「速読」は、理解はそこそこでも読むスピードを重視する読み方です。

ステップ3．辞書で調べず、文脈で推測しながら読む

ステップ2にも慣れてきたら、**なるべく辞書を引かずに読んでみます。**

文の意味が全くわからない場合は、辞書で調べたほうがいいのですが、何となくでもわかるなら、**立ち止まらずにスムーズに読み進めることを優先します。**

最初は一単語ずつ読んでいた人も、徐々に意味がつかめるようになってきます。

本の中盤に差し掛かったら、文のかたまりとしてはっきり意味がわからなくても、どんどん進めるようにします。ポイントは、途中で文の最初に戻って読み返したりしないで、**前から後ろ（左から右）へとザクザク読み進めていく**ことです。

以上の手順を駆使して1冊読み切ると、英語のリーディングスキルが格段に上がりますし、英文を大量にインプットできるため、語彙力や文法力の向上にもつながります。

まとめ

- 洋書を初めて1冊読み切るには、あの手この手で工夫が必要！
- 第1章さえ読み切れれば、後は楽になってくる！
- 最初は辞書で調べて、その後辞書なし、というステップを踏むと、読みやすい！

リーディング

洋書はどう選ぶ？ 運命の1冊の見つけ方

「洋書を読んでみたいけど、一体どの本を選べばいいんだろう？」と迷う方は多いようです。

無数にある洋書の中から、「これだ！」という１冊を見つけるには、ある程度工夫が必要です。

日本語の書籍であればザッと見ただけで大体どんな内容かわかりますが、初めて洋書にチャレンジする段階では、その英語の本が果たして自分の読みたいものなのか、わからない場合が多いですからね。

そこでおすすめしたいのが、次のような選び方です。

1. 自分の尊敬する人の愛読書

自分が「あの人のようになりたい」と思う人の愛読書を調べましょう。愛読書といっても日本語の本でなく、洋書です。尊敬する国内外の経営者やアーティスト、英語の先生などの愛読書がよいでしょう。例えば僕の場合ですと、前述の『The 7 Habits of Highly Effective People』は、本書の推薦文を書いてくださったレアジョブのCEO加藤智久さんが、何度も繰り返し読んだとおっしゃっていたのを参考にしました。

尊敬する人が手の届かない有名人である場合は、雑誌のインタビューや書籍、ホームページなどを見てみます。
尊敬する人が身近にいる場合や、TwitterやFacebookなどのSNSで交流できる場合は、「あなたの愛読書を教えてください！」と聞いてみましょう。
「自分の英語はこれぐらいのレベルなんですが、それに見合ったおすすめ本はありますか？」と聞きたくなるかもしれませんが、英語の先生でないと、そうした質問には答えにくいので、あくまで相手目線で尋ねます。

このように聞くことで、以下のような大きなメリットがあります。

● その人の生き方に近づける

愛読書は、人の生き方に少なからず影響を与えます。その本には、**あなたが尊敬する人の生き方に近づくヒント**がたくさん載っているはずです。

● その人の英語の一部分に触れられる

人に「どうやって英語を勉強したのですか？」と聞いても、なかなか一言で言い表せないものです。**その人の愛読書は、その人の語彙や表現に影響を与えています。**同じ本を読むことで、それを学ぶことができるのです。

● その人と共通の話題ができる

本を読み終わったら、自分の尊敬する人に「あなたの愛読書を読みました！　こう感じました」と伝えてみましょう。これは、**洋書を読破するための大きな力になります。**

2. ビジネス書がおすすめ

仕事をしながら英語を勉強する人にとっては、ビジネス書、特に自己啓発書が、運命の１冊となることが多いです。

実際のビジネスに近いボキャブラリーや文体が使われていて実用的ですし、自己啓発の要素があるので、英語を学ぶのと同時に仕事や人生にも前向きな気持ちになれるためです。

また、ビジネス書といっても、特定の業界の専門的な仕事の本よりも、幅広い読者に支持されている有名なビジネス書がおすすめです。

どの業界にも応用が利くこと、より多くの人との共通の話題になりやすいこと、さらに言えば、**TOEICでは専門的な業界の知識よりも一般的なビジネス表現が出題されるため、その対策も兼ねられる**こと、などがその理由です。

なお、「いかにもビジネス書」という洋書が苦手な方や、内容が難しそうで自信がないという方には、英語初学者でも読みやすく、かつテーマはビジネスそのものという、以下の２冊をおすすめします。

『ザッカーバーグ・ストーリー』
（トム・クリスティアン著／IBCパブリッシング［ラダーシリーズ］）
『スティーブ・ジョブズ・ストーリー』
（トム・クリスチャン著／IBCパブリッシング［ラダーシリーズ］）

ボリュームも100ページ程度と少なめで、巻末にワードリストが載っていて辞書が不要なので、手軽に取り組むことができます。

3. 日本語で読んだことのあるお気に入りの本 VS. 初めて読む本

これについては、人によって意見や好みが分かれます。「すでに日本語で読んだことのある本のほうが、内容がわかっているので英語でも読みやすくていい」という考え方もあり、それはとても理にかなっています。

ところが、僕の場合は逆でした。

内容をすでに知っていると、英語を理解できる面白さはあっても、「次にどんなことが書かれているんだろう？続きが気になる！」という、**ページをめくるワクワク感が薄れてしまう**からです。

先に述べた「難易度は気にせず」という項目にも通じますが、**「どうしてもこの本を読み切りたい！」と強く思う気持ちは、洋書を初めて１冊読み切るという大仕事を引っ張る原動力**となります。

内容をすでに知っているとこの気持ちが薄れてしまう、という方には「初めて読む本」がおすすめですし、そうはならずに「読んだことのある本を英語でぜひ読みたい」と思う方にはそちらをおすすめします。

ぜひ、あなたの運命の洋書選びの参考にしてください。

まとめ

- 洋書は、自分の尊敬する人の愛読書を読むのがおすすめ！
- ビジネス書がおすすめ！ ラダーシリーズなら手軽に読める！
- 日本語で読んでから洋書を読むかどうかは、初めて読むワクワク感を求めるか、内容を知っている安心感を求めるかで決めよう！

音読

音読は、忙しいビジネスパーソンにもおすすめ

音読が効果的な英語学習方法であることは、多くの先生方もおっしゃっていますし、すでに実践されて、効果を実感している人も少なくないと思います。

本書では視点を絞り、仕事で英語を使いたい人にとっての音読の利点について触れていきます。

1．一度に３つの学習ができる効率のよさ

音読は、英語の文字を目で追いながら、口から出して、その声を自分の耳で拾うため、**リーディング、スピーキング、リスニングの３つのトレーニングを同時にできる、とてもお得な学習方法**です。

リーディングの点から言うと、**目だけでなく口・耳からも情報を取り込める**ため、読解力をアップしてくれます。

スピーキングの点から言うと、**音読は、我流で作った英文を話すのではなく、テキストの正しい英文、自然な英文を口から出して体に染み込ませていく作業**と言えます。その過程で、自分のものとして使える英語のストックが増えていきます。

リスニングの点から言うと、文字を目で追いながら自分

の英語を聴いていく音読の過程で、**「文字と音を結びつける」（音が英語の語句として理解できる）**こともできてきます。

忙しいビジネスパーソンが英語を身につけるためには、**できる限り効率を上げて時間を有効に使う**必要があります。その点で、**一度に得るものが多い音読は、大変おすすめ**です。

2. いつでもどこでもスキマ時間でできる手軽さ

音読は、英文の載ったスマホや本などがあれば、いつでもどこでもできますから、スキマ時間の活用にぴったりです。

例えば、「突然時間が5分空いてしまった、何をしようかな？」というときには、音読をおすすめします。

疲れていてやる気が出なくても、頭が働かなくてもできますし、やっているうちに脳が活性化されてきて、やる気が出てくることも多いです。

やる気のスイッチにもなり、さらには、仕事と英語学習のモードを切り替えるスイッチにもなりますよ。

3. 理解のスピードが高まる

僕も、仕事中に英文メールや英文資料をぼそぼそ音読して、周りの同僚から気味悪がられることもありますが、や

ときには読むことに集中したいところです
ら耳で自分を客観的にチェックする余裕もな
せん。

生に聴いてもらいながらの音読であれば、客
場でリアルタイムで指摘をしてもらえますし、
るようになるまで何度も繰り返すこともでき
効率的に、英語の読み方を学べます。

読むお手本になってもらい、
ることができる

やテンポの指摘をしてもらうだけでなく、お
文を読んでもらうと、**英文をどこで区切れば**
抑揚をどうつければいいのかといったところ
ができます。一段落を通して読んでもらうの
う。その後、先生の真似をして自分で読んで
なところを指摘してもらうことで、先生の自
自分の中に取り込んでいくことができます。
ょうか？

わかったけど、大変そう……」と思うあなたへ。

会話の練習を始めて間もない頃から記事の音
したが、最初は、先生に用意してもらった子
い英文でも、なかなかうまくいきませんでし

はり**音読をすると、スピーディーに文章のポイントを理解できる**と感じます。

たとえ小さな声であっても音読をすることで、目で読むだけの時と比べて、情報量が目・口・耳と3倍になりますから、目で読むだけの時と比べて、理解度が上がるのは当然と言えば当然ですよね。

仕事では、英語のメールや資料の内容をすばやく理解し、ポイントを捉える必要があります。音読で得られる効果は、まさに仕事で英語を使いたい人にこそ必要なものです。

いかがでしょうか。音読は、目だけで英文を読むよりも疲れますが、だからこそ効果がありますし、楽しいんですね。

まとめ

- 音読は、一度に「読む」「話す」「聴く」の3つの英語スキルを身につけられてお得！
- どこでも手軽にできるのがいい！
- 「目」「口」「耳」を使って情報量が3倍になるので、理解も速くなる！

音読

記事の音読を聴いてもらう

ここでご紹介するのは、英会話のレッスンの中で行う、**英文の音読**です。

僕が利用しているオンライン英会話サービス「レアジョブ英会話」では、記事を音読し、その内容についての質問に答えたり意見を述べたりする「アーティクルディスカッション」というレッスン方法があります。他の英会話スクールでも、レッスンの中でテキストを音読する機会があると思います。

「音読するだけなら、自分１人でもできる」と思われるかもしれませんね。確かに、音読は１人でもできる英語練習法ですが、先生に聴いてもらいながら音読をすると、１人のときよりさらに効果があります。

1. 先生に聴いてもらうことで、いい負荷がかかる

実際にやってみるとよくわかると思いますが、１人で音読をするのと、**英会話の先生にじっくり聴いてもらいながら音読するのでは、緊張感が違いますし、集中度も増します。**

先生にきちんと伝えたいと思うことで、**発音やテンポに**

も気を配るようになります。

英会話レッスンでは、後で先生

も多いので、**ただ読むだけではな**

いう意識が働きます。こんなふう

ことで「英語を読む力」が加速度

筋力のトレーニングと同じですね

また、あなたが英会話のレッス

ても、ぜひ自分以外の誰かに音

すすめします。

たとえその相手が外国人でな

本人の友達であっても、です。

いずれの場合も、他人の目を

かかりますし、「日本人に自分

恥ずかしい」と言う人は多い

効果的とも言えるでしょう。

仕事で英語を使うときには

誰かに聴かれます。「恥ずか

話せない」では困ってしまい

て、慣れておきましょう。

2. 先生に、発音やテン

１人で音読をする場合は

するのはなかなか大変です

音読

し、読

かなか

英会

観的に

ちゃん

ます。

3. 先

真

先生に

手本とし

自然なの

まで知る

がよいで

みて、不

然な読み

いかが

「メリット

僕自身、

読はして

ども用の

た。

読むのにもつっかえるし、発音も間違えて言い直すし、内容も全く頭に入っていない。そんな状態でしたが、**先生に単語の意味や発音を教わって、徐々に文字量の多い大人向けの記事でもスムーズに読めるようになってきました。**

僕は怠け者なので、1人で音読していると、回数も質も手を抜いてしまうことがよくありました。そんな僕でも音読を効果的に続けられたのは、先生の根気強くホスピタリティあふれるサポートのおかげです。

そして**何より、先生と会話しながら音読の練習をするのは、とにかく楽しい**んです。

ぜひ、あなたもチャレンジしてくださいね。

まとめ

- 先生に聴いてもらって音読をすると、負荷がかかるからいい！
- 先生から、発音やテンポについて指摘してもらえる！
- 先生に、読み方や発音のお手本を示してもらえる！

ライティング

ひとり社内英語公用語化②
メール・資料

第2章のはじめでご紹介した、ひとり社内英語公用語化。ここでは、**普段の業務でやりとりをしている日本語のメールや、会議やプレゼンに使う資料を、英語にしてみましょう。**

今は仕事で英語を書く機会がないという人でも、今のうちにその練習をしておくと、**あなたが今後仕事で英語を使うための準備ができて、とても実用的です。**また、TOEICのリーディングセクション（PART 6やPART 7）でも、メールや資料に関する英文がかなり出題されます。こうした文章に慣れておけるという意味でも、「ひとり社内英語公用語化」の効果を実感することは多いです。

ポイントは、あなたの実際の業務で使うようなメールや資料を、英語で作ること。自分が実際に使うタイプの書類で練習したほうが継続しやすいですし、効果的ですからね。

ここで、重要な注意点を1つ。いくら自宅での学習だからといって、業務上知り得た特定の社名、製品サービス名、ノウハウなどの機密情報は絶対に社外に持ち出さず、差し障りのない範囲でメールや資料を作成するようにしてくだ

はり**音読をすると、スピーディーに文章のポイントを理解できる**と感じます。

たとえ小さな声であっても音読をすることで、目で読むだけの時と比べて、情報量が目・口・耳と３倍になりますから、目で読むだけの時と比べて、理解度が上がるのは当然と言えば当然ですよね。

仕事では、英語のメールや資料の内容をすばやく理解し、ポイントを捉える必要があります。音読で得られる効果は、まさに仕事で英語を使いたい人にこそ必要なものです。

いかがでしょうか。音読は、目だけで英文を読むよりも疲れますが、だからこそ効果がありますし、楽しいんですね。

まとめ

- 音読は、一度に「読む」「話す」「聴く」の3つの英語スキルを身につけられてお得！
- どこでも手軽にできるのがいい！
- 「目」「口」「耳」を使って情報量が3倍になるので、理解も速くなる！

音読

記事の音読を聴いてもらう

ここでご紹介するのは、英会話のレッスンの中で行う、**英文の音読**です。

僕が利用しているオンライン英会話サービス「レアジョブ英会話」では、記事を音読し、その内容についての質問に答えたり意見を述べたりする「アーティクルディスカッション」というレッスン方法があります。他の英会話スクールでも、レッスンの中でテキストを音読する機会があると思います。

「音読するだけなら、自分１人でもできる」と思われるかもしれませんね。確かに、音読は１人でもできる英語練習法ですが、先生に聴いてもらいながら音読をすると、１人のときよりさらに効果があります。

1. 先生に聴いてもらうことで、いい負荷がかかる

実際にやってみるとよくわかると思いますが、１人で音読をするのと、**英会話の先生にじっくり聴いてもらいながら音読するのでは、緊張感が違いますし、集中度も増します。**

先生にきちんと伝えたいと思うことで、**発音やテンポに**

も気を配るようになります。

英会話レッスンでは、後で先生と内容について話すことも多いので、**ただ読むだけではなく、意味も理解しようという意識が働きます。**こんなふうに、適度な負荷をかけることで「英語を読む力」が加速度的に鍛えられていきます。筋力のトレーニングと同じですね。

また、あなたが英会話のレッスンを受講していないとしても、ぜひ自分以外の誰かに音読を聴いてもらうことをおすすめします。

たとえその相手が外国人でなくても、英語を使わない日本人の友達であっても、です。

いずれの場合も、他人の目を気にするといういい負荷がかかりますし、「日本人に自分の英語を聴かれるのが一番恥ずかしい」と言う人は多いですから、その意味ではより効果的とも言えるでしょう。

仕事で英語を使うときには、ほぼ必ず、あなたの英語は誰かに聴かれます。「恥ずかしいから1人でないと英語を話せない」では困ってしまいますから、今のうちに練習して、慣れておきましょう。

2. 先生に、発音やテンポの指摘をしてもらえる

1人で音読をする場合は、発音やテンポを自己チェックするのはなかなか大変です。

音読をするときには読むことに集中したいところですし、読みながら耳で自分を客観的にチェックする余裕もなかなかありません。

英会話の先生に聴いてもらいながらの音読であれば、客観的に、**その場でリアルタイムで指摘をしてもらえますし、ちゃんと読めるようになるまで何度も繰り返すこともできます。**とても効率的に、英語の読み方を学べます。

3. 先生に読むお手本になってもらい、真似することができる

先生に発音やテンポの指摘をしてもらうだけでなく、お手本として英文を読んでもらうと、**英文をどこで区切れば自然なのか、抑揚をどうつければいいのか**といったところまで知ることができます。一段落を通して読んでもらうのがよいでしょう。その後、先生の真似をして自分で読んでみて、不自然なところを指摘してもらうことで、先生の自然な読み方を自分の中に取り込んでいくことができます。

いかがでしょうか？

「メリットはわかったけど、大変そう……」と思うあなたへ。

僕自身、英会話の練習を始めて間もない頃から記事の音読はしていましたが、最初は、先生に用意してもらった子ども用の易しい英文でも、なかなかうまくいきませんでし

さい。

メール

さて、書類が日本語で用意できたら、それらを英語にしていくのですが、この際にコツがあります。

まずメールは、いきなり日本語をそのまま英語に訳していくと、冗長で不自然な文章になる場合が多いです。そこで、英文メールの表現集の本やインターネットで紹介されている**「メールのフォーマット」を枠組みとして使い、件名や中身の部分をあなたが実際に使うものにアレンジしていく**のがおすすめです。

また、メールには、If you have any questions, please feel free to contact me [please don't hesitate to contact me / please let me know].（何かご不明な点があれば、お遠慮なくご連絡ください）など、決まり文句のような言葉が結構あります。**メールでよく使う英語表現は、事前に調べておいたほうが効率的です。**

資料

次に、会議やプレゼンの資料です。グラフや表つきの報告書、数字が並ぶ見積書、画面キャプチャーとフローチャートを使ったマニュアルなどは、実は英語に直す部分はそれほど多くありません。

ここでは、英文資料特有の単語やフレーズが、英語では何というのかを押さえておきましょう。

例えば、「円グラフ」はpie chart、「棒グラフ」はbar graph（bar chart)、「表」はtableです。あとは資料でよく使うaccount for ○○ %（○○%を占める)、increase by [to] ○○ %（○○%分［まで］増加)、This graph shows ～.（このグラフは～を示しています）などの表現を確認しておきましょう。

グローバル企業の英語のスライドは、日本のスライドよりシンプル

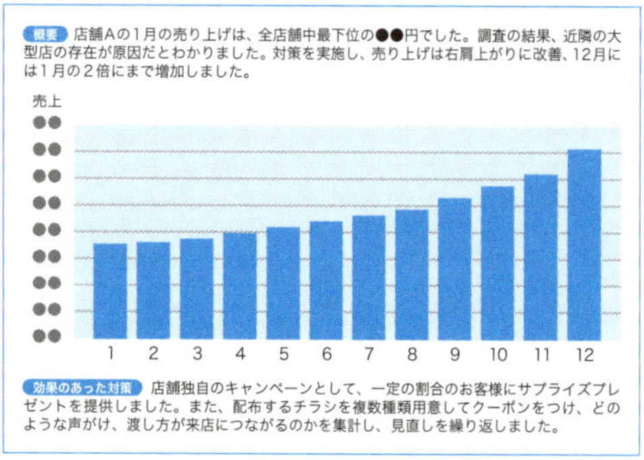

▶ 英文メールや資料作成に役立つ書籍とWebサイト

● メール

『関谷英里子の たった３文でOK! ビジネスパーソンの英文メール術』

（関谷英里子著／ディスカヴァー・トゥエンティワン）

● 資料

『CD BOOK　外資系の英語プレゼンテーション』

（浅見ベートーベン著／明日香出版社）

● メール、資料

TOEIC Presents English Upgrader+

http://square.toeic.or.jp/kyouzai/englishupgrader/

まとめ

- 実際に仕事で使う文書を、英語で作ってみよう！
- メールは、雛形を元にしてアレンジしよう！
- 会議やプレゼンの資料は、定番の表現を学べば何とかなる！

ライティング

一番鍛えられたのは、チャット！

今の時代、特にオフィスワークの中では、**「英語を書く」機会は、「英語を話す」よりも多くなってきています。**日本語でも、連絡はメールがメイン、会議をするにしても事前にアジェンダを用意する、新しい情報も資料を作成するといった状況で、仕事でパソコンをカタカタと打つ機会はとても多いのではないでしょうか？　英語でも同じことが言えます。

「大変だ！　TOEIC対策でリスニングやリーディングの勉強はしてきたし、英会話でスピーキングもやってきたけど、ライティングまで手が回っていない！」と焦っているあなた、安心してください。

あなたがリスニングとリーディングで大量に英文を仕入れ、スピーキングでアウトプットする機会もどんどん作ってきたならば、**ライティングにそれらと同じぐらいの時間をかけなくても、ちゃんと英文を書けるようになる**のです。

僕自身、ライティングにかけてきた時間数は、リスニング、リーディング、スピーキングに比べて圧倒的に少ないですが、仕事で英文を書くのは、遅いほうではないと思います。

ライティングは、Twitterで英語をつぶやいたり英会話の先生に添削してもらったり、いくつかの方法で取り組んできましたが、**僕のライティングのスピードを格段に上げたのは、間違いなく、仕事上での英文チャットです。**

職場では、外国人と仕事でチャットなど英語のやりとりをする機会もあったため、その練習のために、日本人同士でも英語を使っていました。英語のできる日本人が何人かいて、その人たちはストレスなく英語でチャットをしていました。しかし僕にとっては日本語でやったほうが早いわけで、モタモタする自分に焦り、日本語に切り替えようとしたことも何度もありました。が、他の人たちは難なく英語でやりとりをしていたので、頑張って英語で続けました。

日本語でも難しいような複雑な状況説明、相手の意見に半分納得しながら半分反論するという微妙なやりとり、一刻も早く報告をしないといけない緊急対応なども、英語で書きました。

するとそのうち、頭で考えると同時に手が英語を打つようになってきたのです。この頃には、最初からもう日本語では考えずに、英語だけで考えて英語を打つようになってきていることを感じました。

Twitterや英語ブログとは違って、**チャットでは英文を書くスピードを養うことができます。**

そこで、まだ仕事で英語を使う機会のない方にも、**「仕事上のやりとりを想定したスピード重視の英文チャット」**

をすることをおすすめします。

チャットをやるには相手が必要ですので、友達や同僚とやるのもいいですし、オンライン英会話の先生にやってもらえるよう頼むのもおすすめです。簡単な舞台設定と配役だけを決めて、あとはチャットをしながら相手の反応に応じてどんどん話を膨らませていきましょう。

チャットのポイントは、英会話と同じで、口から英語を出すようにタイピングすること。

間違いや文の体裁は気にせず、思いついた言葉をそのまますぐに打ちます。

相手のチャットに返信するまで、間が数秒空いてしまうのは、英会話で同じ秒数、無言が続いているようなものだと考えてください。

スピード重視で、例えば伝えたい内容が3つあったとしても、まず1つ目だけ打てたらEnterを押します。例えば何か質問がしたいことがあったときは、“Hi, I just have a question”と打った段階でEnterを押し、その後”regarding the report you sent last night.”などと続けましょう。

メールだと1つの内容を完成させてから送りますが、チャットでは、時間をかけて長い文章を完成させるよりも、細切れに分割させるほうが多いです。

そのメリットは、細切れにすると、こちらから投げた1つのパートに対してすぐに相手からリアクションがあるので、それを踏まえた上でこちらから次を送れることです。英会話と同じで、キャッチボールをしながら認識を合わせて調整できるのですね。

このように、チャットはメールとは似て非なるものと言えます。

今後、仕事上で英文チャットを使う人は増えていくでしょうし、そのための予行演習という意味でも、また、ライティングとスピーキングのスキルを同時に高めてくれる効率的な学習手段という意味でも、ぜひチャットにチャレンジする機会を作ってみてください。

まとめ

- 英文チャットは、英語を速くタイピングできるようになる練習に最適！
- 間違いを気にせずスピード重視で打つのがポイント！
- 英文チャットは、ライティングとスピーキングの両方のトレーニングになる！

ライティング

英文履歴書を書いてみる

リーディングのコーナーで、「英語の求人情報を読んでみる」という方法をご紹介しましたが、今度はライティングのトレーニングとして、英語で履歴書を書いてみましょう。

いつか転職したいと思っている人にはもちろんですが、転職する気はなくても、この方法はとてもおすすめです。

英文履歴書を作成することには、以下の3つのメリットがあります。

●メリット1

これは英語とは関係ありませんが、あなたの過去の経験の詳細、アピールできる実績や強み、仕事をする上での方法論、将来の展望などをしっかり考えることは、**自分自身のキャリアの棚卸しになり、今後のキャリアアップの方向性を明確にできます。**

●メリット2

わからない語句を1つひとつ調べて履歴書を英文にしていくことは、そのまま、**あなたが業界で使う言葉や、あなたの実績を説明したりアピールしたりするための表現を知**

ることに直結し、効率的に知識を得られます。

● メリット3

完成した**英文履歴書をしっかりと音読すれば、英語面接の練習にもなり、あなたが仕事で英語を話すときにもそのまま使えるフレーズとして身につきます。**

英文履歴書を書くのは、最初は大変だと思います。僕も、初めて書いたときは勝手がわからず試行錯誤したので、5時間ぐらいかかりました。そこで、比較的負担を減らせる手順をご紹介します。

［英文履歴書の本やインターネットで、テンプレートを確認する］

↓

［テンプレートに沿って、日本語で書いていく］

※コツは、日本語の職務経歴書のような長い文にするのでなく、ぶつ切りの単語のつなぎ合わせにすること。こうすると英語に訳すときに楽です。

↓

［辞書を参照しながら英訳していく］

一度作成してしまえば、それ以降はキャリアの追加や表現の改善といった更新を行うだけでいいので、頑張ってくださいね。

最後に、英文履歴書を書く上でのポイントを３つ挙げておきます。

ポイント１

数字を盛り込む（過去の職務上の成果や、管理していた人数など）。希望年収を日本円とドルで書いてみるのもおすすめ。数字の言い方を覚えられます。

ポイント２

英語力のアピールはほどほどに。英語で求人が載るような職種は、英語が使えて当たり前、という仕事のはず。アピールというよりも、**自分が英語で具体的にどんな業務ができるのか**（本来であれば実務経験）を書きます。

ポイント３

英文履歴書に使えると便利な表現を押さえておきましょう。

purpose（目的）
job description（職務内容）
achievement（実績）
strategy（戦略）
methodology（方法論）
extensive experience（幅広い経験）
fully understand（完全に理解している）

I'm confident I can contribute
（貢献できると確信している）
take action（対策を取る）

その他にも、TOEIC対策書や洋書、ニュースなどで出てきた「いいな」と思える表現はメモしておき、どんどん真似して使っていきましょう。

▶ 英文履歴書を書くのにおすすめの書籍

『英文履歴書の書き方と実例集』（田上達夫著 / ベレ出版）

豊富な具体例と、作成のステップ、好印象を与えるおすすめ動詞などが載っていて、大変参考になります。

まとめ

- 英文履歴書の作成は、ビジネスパーソンとしてキャリアを棚卸しする機会になる！
- 業界の専門用語や、自分の実績をアピールする英語表現を学べる！
- 書くことによって、より英語が身につく。音読するとなお効果的！

スピーキング

英語で3種類の自己紹介を用意する

英語の勉強を始めて最初の頃に練習することの1つが、自己紹介ですね。

ビジネスの現場でも自己紹介をする場面はありますから、ここは1つ自信を持ってやりたいところですが、**自己紹介が案外うまくいかずに困っている人も少なくない**ようです。

でも安心してください。**英語で自己紹介がうまくできない理由は、たった2つ。**

そしてそれらは、誰でも克服できるものです。

1．準備していないからうまくいかない

日本語でも、いきなりよくわからない場所に連れて行かれて「はい、自己紹介してください」と言われても、自分の何についてどれぐらい詳しく、どれぐらいの時間話せばいいのかわからず、「えーっと……」と言葉に詰まってしまう人が多いのではないでしょうか。

逆に、**英語でも日本語でも、自己紹介がスムーズにできる人は、事前に準備しています。**場数を踏んで慣れている人も、準備ができていると言えます。

2. 長い自己紹介をしようとするからうまくいかない

よく、英会話のレッスンや英会話サークルでは、1人あたり1分程度自己紹介をすることがあります。

ところが**僕の経験上、実際のビジネスの現場では、自己紹介を1分もする機会は、ほとんどありません。みんな仕事で忙しいので、早く本題に入りたい**んですよね。

では、どれぐらいの長さの自己紹介をするのが、現実的だと思いますか？

30秒？　20秒？　それでも長いです。

ほとんどの場合は5秒、少し長めで10秒、それ以上は相手から質問をしてもらって膨らませる、この3パターンで事足ります。

5秒なんて短すぎない？　と思うかもしれませんが、実際にビジネスの現場を想定して練習してみると、スムーズに進むのはそれぐらいだと感じてもらえるのではないでしょうか。

1. 超シンプルパターン……5秒

一言で終わらせるパターンです。名刺交換など、初めて会ったときにするもので、自己紹介というよりも挨拶ですね。実際には、これだけで済む場合がほとんどです。名前と、職務やそのプロジェクトにおける役割だけ伝えます。

例

Nice to meet you.《笑顔で目を見ながら握手》My name is Katsuya, and I'm the leader of the ABC project. Thank you.

(初めまして、カツヤと申します。ABCプロジェクトのリーダーです)

2. シンプルパターン……10秒

1に一言、**意気込みや感謝を加えるパターン**です。他の人の自己紹介を見て、少し長めだなと思ったら、あなたもこちらのパターンでいきましょう。もしあなたが最初に自己紹介をする場合にも、こっちを選びましょう。最初の人であれば、少し長めでもあまり気にされませんし、一言プラスできる分お得だからです。

例

Nice to meet you.《笑顔で目を見ながら握手》My name is Katsuya, and I'm the leader of the ABC project. I'm so excited to do business with you and enhance customer satisfaction together.

(初めまして。カツヤと申します、ABCプロジェクトのリーダーです。あなたとビジネスをして顧客満足を高めることにワクワクしています)

3. 相手に質問してもらい、膨らませる

1や2以上に長い自己紹介のチャンスがあるとすれば、それは仕事上特に関係性を深めておく必要がある人と顔合わせのためのミーティングが30分程度取られているような場合や、会議が始まる時間なのにキーパーソンの到着が遅れて手持ち無沙汰な空気が流れている時などです。

その場合は、2をベースにしながら、Do you have any questions? などと尋ねてみて、相手から質問をしてもらいながら進めたほうがいいでしょう。そのほうが、相手が自分のどんなことを知りたいのかもわかり、相手も自分もバランスよく話すことができ、その場の雰囲気がよくなりますからね。

自己紹介は短くていい！

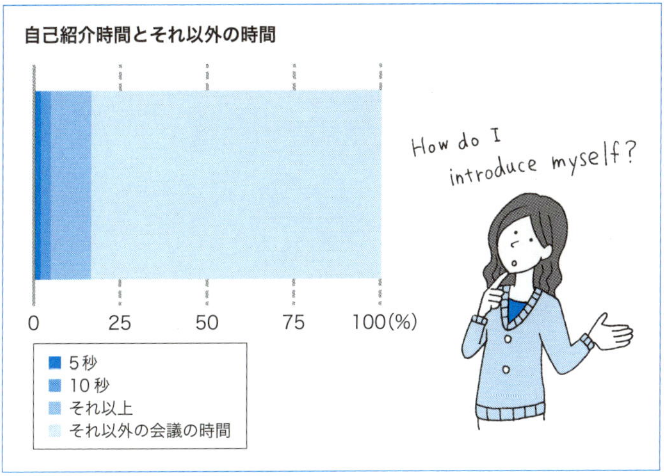

これ以上長い自己紹介は、会社員として挨拶する場では滅多に必要ないでしょうし、もし必要になれば、それは自己紹介というよりスピーチに近いものです。その場合は、事前に準備をする時間があるはずですから、シンプルパターンを元にじっくり考えましょう。

以上の方法で自己紹介のパターンを作れたら、英語を話す機会にどんどん使って、場数を踏めばいいわけです。
「自己紹介イコール長いもの」と思っていた人も、5秒や10秒なら簡単にできそうな気がしませんか？

まとめ

- ビジネスシーンでの自己紹介は、ほとんどの場合、超短くてOK！
- やるべきなのは、事前に準備しておくことだけ！
- 時間が余ったときのために、話を膨らませることのできるテーマも考えておくと、なおいい！

スピーキング

ひとり社内英語公用語化③
社内での日常会話

ここでは、**社内での日常会話を使った「ひとり社内英語公用語化」**をご紹介します。

例えば、

① A：クライアントからメール届いた？
　B：どれのこと？　システムメンテナンスの件？

② A：報告書できた？
　B：最後の項目だけまだなんだ。

③ A：先月の売上高を確認させていただきたいんですが。
　B：ごめん、いま会議中なんだ。10分後に折り返し電話させて。

など、短い問いかけとそれに対する答えが中心になります。TOEICで言えば、PART 2の世界ですね。

これを、本当に社内で英語を使う日のために、実際のあなたのオフィスで起きた言葉を使って英語化してみるのです。

［ **今日、日本語で同僚と話した言葉を思い出す** ］

↓

［ **英語にする** ］

↓

［ **音読する** ］

という手順です。

先ほどの日本語の会話を英語にすると、次のようになります。

① A : Have you received the email from our client?
B : Which one? About the system maintenance?

② A : Have you completed the report?
B : Only the last item hasn't been completed yet.

③ A : I'd like to confirm the last month's sales figures.
B : Sorry, I'm in a meeting. Let me get back to you in 10 minutes.

ここで、ポイントを順番に見ていきましょう。

現在完了が多用される

仕事の英語では、①Aや②AのHave you ～？や②Bのhasn't been completedのように、現在完了がよく使われます。「たった今エラーが表示された」「このグラフ作ったことある？」「どんな対策をしてきたのですか？」など、ビジネスの場面では、「完了」「経験」「継続」がよく出てくることがわかりますね。

"Your request has been approved."（あなたのリクエストは承認された）のように、「無生物主語＋受動態の現在完了形」の組み合わせがよく登場するのも特徴です。

問いかけに対して、Yes/No以外の返し方もよく出てくる

①②のAでHave you ～？と問いかけているのに対し、BではYes/Noを使わず返答しています。日本語と同じく英語でも、何か質問された際に、「はい」「いいえ」以外で答えることが結構あります。

TOEICのPART 2でも、Do you ～？ やHave you ～？といった質問に対して、Yes/Noを使わない答え方が出てきますね。これも、TOEICの問題は実際に使われる仕事の英語そのものだと感じる点の1つです。

主語や述語が省略されることも

①BのWhich one? About the system maintenance?は、学校英語ならWhich one do you mean? Do you mean the email about the system maintenance?と言うところですが、ビジネスでの会話は、**時間の短縮と、ポイントを明確にすること**が重要です。

そのため、相手の知りたい情報の部分だけ、**単語1つだけで答えることもあります。**

例えば、What is the current state of the issue we experienced last week?（先週あった問題の現在の状態はどうですか？）と質問されて、Resolved.（解決済みです）といった具合です。これを、It was already resolved.としたり、That problem was already resolved.と言うと、余分に時間がかかってしまいます。

以上の3つのポイントを意識して、実際に仕事で使える英語表現を増やしていってください。

まとめ

- 同僚や上司、部下との日本語のやりとりを思い出して、英語にしてみよう！
- TOEICのPART 2をイメージしてみよう！
- ポイントは、現在完了形、Yes/No以外の答え方、主語・述語の省略！

スピーキング

ひとり社内英語公用語化④
レギュラー業務

ここでは、あなたが普段行っているレギュラー業務を、1つひとつ英語に変換していってみましょう。

こうすれば、あなたが仮に「来週から英語を使う部署に異動してくれ」と突然上司に言われても、焦らず対応できますね。

あなたのある1日の仕事のスケジュールをピックアップして、業務をおおまかに書き出していきます。

例えば、こんな感じです。

- メールチェック、返信
- レポートの数値チェック
- 部下への指示出し
- 業務マニュアル改訂
- 部下とのミーティング
- ランチ
- クライアントに電話
- 上司とのミーティング
- クライアントにプレゼン
- メールチェック、返信
- 部下の進捗チェック

次に、これらの業務を英語で行うとしたら、リーディング（R）、ライティング（W）、リスニング（L）、スピーキング（S）のうち、主にどのスキルが必要なのかを考えて、印をつけていきます。複数あるなら、すべて書きます。

- メールチェック、返信……R, W
- レポートの数値チェック……R
- 部下への指示出し……S
- 業務マニュアル改訂……W
- 部下とのミーティング……S, L
- ランチ……S, L
- クライアントに電話……S, L
- 上司とのミーティング……S, L, R, W
- クライアントにプレゼン……S, L, R, W
- メールチェック、返信……R, W
- 部下の進捗チェック……R

スキルの印をつけるメリットは、2つあります。

まずは、**仕事の内容とそれに必要な英語スキルが一目でわかるため、優先順位をつけて効率的に練習できる**こと。

もう1つは、**実際に業務を英語で行うには四技能のうちどのスキルに重点を置けばいいのかがわかり、効果的に学習を進めていける**ことです。

あとは、1つひとつ英語にして書き出し、練習していきます。この一覧を眺めながら、

- まずは上から順番に進める
- 今後英語で行う可能性のある仕事は、優先的に取り組む
- 英語にするのが難しいと感じたものは、後回しにする

といった判断基準で取り組んでみましょう。

仕事で使う日本語の文章を英訳し、不自然でないかどうか、Google.comで検索して英語サイトでの使われ方を確認するなどして、表現を改善していきます。

あとは、S（スピーキング）マークのものは口に出し、W（ライティング）マークのものはパソコンでタイピングし、R（リーディング）マークのものは読み、L（リスニング）マークのものは英会話の先生などに読んでもらって聴く、という練習を繰り返します。

ここまで来れば、あなたはもう仕事で英語を使えるも同然です。ぜひチャレンジして、その面白さを体感してください。

まとめ

- レギュラー業務を英語化しておくことで、実際に仕事で英語を使う準備をしておける！
- 自分の業務を書き出して、英語の「読む」「書く」「聴く」「話す」のどの技能を主に使うのか、分類しよう！
- 仕事の内容とそれに必要な英語スキルが一目でわかるため、優先順位をつけて効果的に学習を進められる！

スピーキング

ひとり社内英語公用語化⑤ イレギュラー業務

続いて、イレギュラー業務に取り組んでみましょう。

通常は発生しない突発的な業務、**例えばトラブル発生時の対応や、お客様や取引先からの急な依頼など**ですね。

イレギュラー業務の特徴は、通常では発生しないためなかなか慣れていないのに、レギュラー業務以上のスピードと正確さと臨機応変さが求められるということです。

これを英語で対応するのは、ハードルが高いと感じられるかもしれません。でも、**イレギュラー業務も実は、「準備」によってカバーできる部分が多い**のです。

このときの英語力を補ってくれるのが、あなたの日本語でのイレギュラー業務の経験です。

準備しておくべきものに、以下の３つがあります。

1. テンプレート

報告書や相談メールなど、イレギュラー業務で必要になる文章の雛形です。

文章のテンプレートを作っておいて、案件が発生したときに一部分だけを変えれば使えるようにしておきます。これまで日本語で対応したイレギュラー業務はどんどん英語にして、報告書や相談メールのテンプレートの数を増やしていきましょう。

2. スクリプト（台本）

電話など、口頭で対応する場合の台本です。

相手の台詞も、実際には大枠は変わらず、パターン化できるはずですので、想定されるものをすべて会話形式で書き出しておきます。

3. 対応フローチャート

イレギュラー業務にどのように対応していけばいいか、1のテンプレートと2のスクリプトの使い方を含めて、フローチャートで作っておくと便利です。

必要な情報は、対応すべき判断基準、必要なアクション、担当者、連絡手段、連絡の内容、その後の進捗管理などです。

これらを準備しておくと、あなたが英語で対応する場合の助けになる他に、もう1ついいことがあります。

あなたが作ったそれらの資料を、同僚にシェアしておくのです。すると、いつか他の人たちも英語で仕事をするようになったときに、実際にあなたの作ったテンプレートやスクリプト、フローチャートが社内で活用されることになります。

まとめ

- 英語のイレギュラー業務に一番必要なのは、「準備」！
- 「準備」とは、テンプレート、スクリプト（台本）、対応フローチャートの作成！
- 準備した資料を同僚と共有すれば、将来社内で活用されるようになる！

スピーキング

英会話レッスンで、仕事のロールプレイングをする

拙著『オンライン英会話の教科書』(国際語学社)でもご紹介しましたが、**あなたが仕事で使う英語のトレーニングを、最も実用的に、最も手軽にできる方法の1つが、ロールプレイングです。**

英会話スクールの先生や英会話サークルの英語学習仲間とやってみるのもいいですし、また身近に相手になってくれる同僚や友達がいれば、その人たちとチャレンジしてみるのもいいですね。

仕事のロールプレイングとは、**相手に、あなたが仕事中に接する誰かの役を演じてもらい、本番さながらに、英語で会話やメールのやりとりをする**というものです。

例えばあなたが東京の飲食店で働いていて、2020年の東京オリンピックで外国人がたくさん来日することを想定して、英語で接客できるようになっておきたいと考えたとします。

[「いらっしゃいませ」の挨拶]

↓

[オーダー取り]

↓

[**質問とその答え**]

↓

[**料理提供**]

↓

[**お会計**]

↓

[**「ありがとうございました」の挨拶**]

と、普段日本語で言っている接客の内容をステップごとに分けて、それぞれに必要な英語の台詞を作っていきます。

または、あなたが電話でお客様からのお問い合わせに対応することがあるなら、ステップは以下のようになります。

[**はじめの挨拶**]

↓

[**問い合わせのヒアリング**]

↓

[**内容の確認**]

↓

[**問い合わせへの回答**]

↓

[**他に質問がないかの確認**]

↓

[**終わりの挨拶**]

このとき、スクリプト（台本）は、細かい台詞まで作り込むというよりは、次のような定型的な文言にとどめておきます。

例 はじめの挨拶
Thank you for calling. This is ●● speaking. How can I help you today?
（お電話ありがとうございます。●●でございます。本日はいかがなさいましたか？）

あとは、会話の流れによってどんどんアレンジしていくと、いい練習になるのでおすすめです。

まとめ

- 英語で実務のロールプレイングをするのは、最も実用的なビジネス英語のトレーニング方法！
- 業務のステップごとに分けて考えるとやりやすい！
- 細かい台詞まで完璧に決めるより、相手とやりとりしながら膨らませていくのがおすすめ！

1年でTOEIC800点
の目標達成!

第3章

四半期ごとの学習スケジュール

TOEIC対策の「聴く」「読む」英語と、ビジネスのための「話す」「書く」英語を同時に学習する

僕は、ビジネスパーソンが英語を学ぶなら、**TOEIC対策で英語を「聴く」「読む」ことと、ビジネスのための「話す」「書く」ことをバランスよく学ぶ**のが、最適な英語学習方法だと考えています。

理由は、5つあります。

● 理由1（TOEIC）

TOEICの公式サイト（http://www.toeic.or.jp/）によると、日本では約3400の企業・団体・学校がTOEICを採用しており、2013年度の受験者数は236万人を超えました。

日本の会社員にとって、TOEICはビジネス英語のためのデファクトスタンダード（事実上の標準）と言えますから、できるだけ高いスコアを取っておくことは、リスクヘッジであり、またアピールにもなり得ます。

● 理由2（TOEIC）

こちらがいくら流暢に英語を話したり書いたりできても、相手の言うことが聴き取れず何度も同じことを繰り返してもらったり、文法的に誤った英文を頻繁に使ってしまい、相手の理解の妨げになったりするようでは、対等なコ

ミュニケーションとは言えませんよね。

TOEICのスコアをアップするためには、テクニックだけでは限界があり、800点程度もしくはそれ以上のスコアを取るには、確かな英語のスキルが必要になってきます。TOEICを意識した学習で、リスニングとリーディングを大量に行うことは、ビジネスで通用する英語の基礎力を養います。

● 理由3（話す・書く）

TOEIC対策と同時に、英会話の練習をしたり、SNSやチャットで英語を書いたりするのも並行して行うほうがいいのは、何と言っても「楽しいから」です。

特に英語で誰かと話すことは、英語学習の様々な面の中で、一番楽しいことです。

こんなに楽しいことを、「TOEICで●●点を超えてから始めよう」と後回しにするのは、もったいないです。

楽しいから英語学習自体も続けられる。いたってシンプルな理由です。

● 理由4（話す・書く）

英会話の練習をしたり、TwitterやFacebookで英語を書いたりすると、「英語を使いたい相手」を作ることができます。

「もっとこの人の言うことを理解したい。もっと自分の考え方を明確に表現したい」という気持ちが湧き、英語の勉強を続けようというモチベーションにつながります。

●理由5

「聴く」「読む」のインプット学習の時点ではわかったつもりでいても、実際に自分で「話す」「書く」のアウトプットを行うときに初めて「あれ、この場合は現在完了形でいいんだっけ？　冠詞はtheでよかったっけ？」と、自分がまだ理解できていない部分、足りない部分が明らかになってくるものです。

また、自分で実際に使ってみると、インプットの時点で耳と目で覚えたものを、口と指でも覚えることになり、記憶が定着して忘れないようになっていきます。

まとめ

- TOEIC対策で、ビジネス英語の基礎力がつく！
- 英会話の練習をしたり、SNSで英語を書いたりすることで、英語を使う機会ができる。とにかく楽しい！
- インプットして覚えた英語を、同時期にアウトプットでも再確認して、覚え直すことができる！

TOEICの目標は800点

TOEICでは、一体何点を目標にし、何点を取れるまで勉強するのがいいのでしょうか？　合格、不合格という判定方法を取る英検などと違って、TOEICは、５点刻みのスコアで結果が出ます。満点は990点です。**何点取るまで受けるべきなのか、ずっと受け続けたほうがよいのか、迷ってしまいますよね。**

僕は、以下のプランを提案します。

【TOEIC800点程度のスコアを目標としたリスニング・リーディング学習を行う。同時に、会社で英語を使うチャンスを狙いながら、スピーキング・ライティング学習も行う】

僕が実際に職場などで会った、英語を全く問題なく使う人たちのスコアの平均から、妥当だと思う目標スコアが、TOEIC800点です。

もしTOEIC800点を取っていると、多くの会社では、仕事で英語を使えると認識されると思います。**ある日英語を必要とするビジネスの機会が生まれたとして、せっかくあなたに声がかかったのに、「英語はまだ全然話せませんし、書けません」という状態だと、英語を使って仕事をす**

るチャンスを逃してしまいかねません。

そのため、リスニング、リーディング、スピーキング、ライティングの四技能の中で決定的に苦手なものを作らずに、バランスよく成長していくのが、仕事の幅を狭めないためのポイントです。

また、たとえTOEICで900点を取ったとしても、いきなりスムーズに仕事で英語を使いこなせるわけではありません。僕自身の経験からも、**仕事で英語をうまく使えるようになるには、現場で実際に英語を使う経験を重ねていくしかない**と実感しています。

TOEIC 800点というスコアは、あくまでもそのための目安ですから、絶対的なものではありません。

たとえスコアが700点でも、仕事で英語を使う機会を得られれば、必ずしも800点を取っていなくても、仕事の中で使える英語を身につけていくのもいいと思います。

あなたが仕事で英語を使うことのできる条件、状況を調べ、バランスよく学習法を選ぶようにしましょう。

まとめ

- 仕事でうまく英語を使えるようになるには、実際に仕事で英語を使う経験を重ねるしかない！
- 仕事の機会を逃さないように、苦手なものを作らず、バランスよく学習するのが大事！
- TOEICで800点程度を目指しながら、アウトプットの練習もしておくのがおすすめ！

1年間の学習スケジュール

この章では、第２章でご紹介した方法で、現実的なスケジュール感を持って学習に取り組んでいただけるよう、四半期（３カ月）ごとの学習方法をご紹介していきます。本書では、**第１四半期〜第４四半期の１年間を目安の期間とします。**TOEICのスコアアップと、ビジネス英語を身につけることの、両方が目的です。

英語力が伸びていくにつれ、学習のやり方も変化させていきますので、飽きずに続けられると思います。

次のページ以降で、**各四半期（３カ月）の学習スケジュールを見開きでまとめています。**右ページには、**学習項目のチェックシート**を載せました。英語学習時の方向性の確認に、ぜひお役立てください。

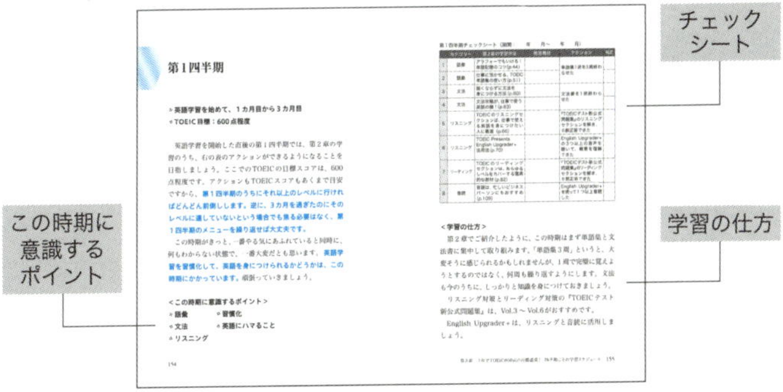

第1四半期

- 英語学習を始めて、1カ月目から3カ月目
- TOEIC目標：600点程度

英語学習を開始した直後の第1四半期では、第2章の学習のうち、右の表のアクションができるようになることを目指しましょう。ここでのTOEICの目標スコアは、600点程度です。アクションもTOEICスコアもあくまで目安ですから、**第1四半期のうちにそれ以上のレベルに行ければどんどん前倒しします。逆に、3カ月を過ぎたのにそのレベルに達していないという場合でも焦る必要はなく、第1四半期のメニューを繰り返せば大丈夫です。**

この時期がきっと、一番やる気にあふれていると同時に、何もわからない状態で、一番大変だとも思います。**英語学習を習慣化して、英語を身につけられるかどうかは、この時期にかかっています。**頑張っていきましょう。

<この時期に意識するポイント>

- 語彙
- 文法
- リスニング
- 習慣化
- 英語にハマること

第1四半期チェックシート（期間：　　年　　月～　　年　　月）

	カテゴリー	第2章の学習方法	使用教材	アクション	判定
1	語彙	アラフォーでもいける！単語記憶のコツ(p.44)		単語集1冊を3周終わらせた	
2	語彙	仕事に活かせる、TOEIC単語集の使い方(p.51)			
3	文法	眠くならずに文法を身につける方法(p.60)		文法書を1冊終わらせた	
4	文法	文法攻略が、仕事で使う英語の鍵！(p.63)			
5	リスニング	TOEICのリスニングセクションは、仕事で使える英語を身につけたい人に最適(p.66)		『TOEICテスト新公式問題集』のリスニングセクションを解き、6割正答できた	
6	リスニング	TOEIC Presents English Upgrader+活用法(p.70)		English Upgrader+の3つ以上の音声を聴いて、概要を理解できた	
7	リーディング	TOEICのリーディングセクションは、あらゆるレベルをカバーする驚異的な教材(p.82)		『TOEICテスト新公式問題集』のリーディングセクションを解き、6割正答できた	
8	音読	音読は、忙しいビジネスパーソンにもおすすめ(p.109)		English Upgrader+を使って1つ以上音読した	

＜学習の仕方＞

第2章でご紹介したように、この時期はまず単語集と文法書に集中して取り組みます。「単語集3周」というと、大変そうに感じられるかもしれませんが、1周で完璧に覚えようとするのではなく、何周も繰り返すようにします。文法も今のうちに、しっかりと知識を身につけておきましょう。

リスニング対策とリーディング対策の『TOEICテスト新公式問題集』は、Vol.3～Vol.6がおすすめです。

English Upgrader+は、リスニングと音読に活用しましょう。

第2四半期

- **英語学習を始めて、4カ月目から6カ月目**
- **TOEIC目標：700点程度**

英語学習開始後、4カ月目から6カ月目を想定したこの時期は、理解できる英文が徐々に増えたり、英会話でコミュニケーションが取れるようになってきたりして、**英語学習が楽しくなる頃**だと思います。

そこで、この時期に着実にレベルアップするために、先週より今週、先月より今月と、より高い負荷をかけることを意識して、トレーニングを積み重ねていきましょう。

<この時期に意識するポイント>

- **英会話の練習を始める**
- **TOEICの結果にこだわる**
- **音読する**
- **リーディングのスピードと精度を高める**

第２四半期チェックシート（期間：　　年　　月〜　　年　　月）

	カテゴリー	第２章の学習方法	使用教材	アクション	判定
1	語彙	ポジティブな表現を優先的に覚えると、仕事に活かしやすくなる（p.47）		ポジティブな表現を10個以上知っていて、ネガティブな表現からの言い換えができた	
2	語彙	ひとり社内英語公用語化①ボキャブラリーを増やす（p.56）		仕事で使う単語を、10個以上、日本語から英語にした	
3	リスニング	TOEICのリスニングセクションは、仕事で使える英語を身につけたい人に最適（p.66）		『TOEICテスト新公式問題集』のリスニングセクションを解き、7割正答できた	
4	リスニング	TOEIC Presents English Upgrader+活用法（p.70）		English Upgrader+の5つ以上の音声を聴いて、概要を理解できた	
5	リーディング	TOEICのリーディングセクションは、あらゆるレベルをカバーする驚異的な教材（p.82）		『TOEICテスト新公式問題集』のリーディングセクションを解き、7割正答できた	
6	リーディング	インターネット上の英語ニュースで学ぶ〜BBC NEWS（p.87）		BBC NEWSの記事を10以上読んだ	
7	リーディング	英語の求人サイトを読んでみる（p.92）		英語の求人サイトの情報を６つ以上読んだ	
8	音読	記事の音読を聴いてもらう（p.112）		音読を10回以上行い、２回以上ほめられた	
9	ライティング	ひとり社内英語公用語化②メール・資料（p.116）		１つ以上のメールや資料を英語で書いた	
10	スピーキング	英語で３種類の自己紹介を用意する（p.128）		２種類以上の自己紹介を用意し、英会話で使った	

＜学習の仕方＞

この時期からは、ライティング・スピーキングの練習を徐々に増やすことを意識しましょう。音読や自己紹介は、英会話力をつけることも意識した学習です。

また、「ひとり社内英語公用語化」で、語彙力やライティング力のアップを意識しましょう。

リスニングとリーディングでは、新公式問題集を解きながら、BBC NEWSや求人サイトなど、様々なものにチャレンジしてみましょう。

第3四半期

- 英語学習を始めて、7カ月目から9カ月目
- TOEIC目標：750点程度

英語学習開始後、7カ月目から9カ月目を想定したこの時期は、**ともすればモチベーションのキープが難しくなってくる頃**です。順調に伸びていたTOEICのスコアがなかなか上がらなくなることもあります。また、ある程度英語がわかるようになってきたものの、そこから先どんな勉強をしていけばいいのか、悩み始めるかもしれません。

そこで、第1章で妄想した、英語を使ってどうなりたいかというあなたの姿を、今一度ここで思い起こしましょう。実現するイメージをしっかりと持ち直し、目指している目標とレベルが適切かどうかを見直しながら取り組むことをおすすめします。

＜この時期に意識するポイント＞

- なりたい自分を今一度妄想
- 目標の見直し
- モチベーションの低下を乗り越える
- 英会話力のレベルアップ

第３四半期チェックシート（期間：　　年　　月～　　年　　月）

	カテゴリー	第２章の学習方法	使用教材	アクション	判定
1	リスニング	TOEICのリスニングセクションは、仕事で使える英語を身につけたい人に最適（p.66）		『TOEICテスト新公式問題集』のリスニングセクションを解き、８割正答できた	
2	リスニング	YouTubeで、場面まるごと吸収する（p.74）		いずれかのコンテンツを、合計100回以上視聴した	
3	リーディング	TOEICのリーディングセクションは、あらゆるレベルをカバーする驚異的な教材（p.82）		『TOEICテスト新公式問題集』のリーディングセクションを解き、８割正答できた	
4	リーディング	リーディングスキルが格段に上がった方法とは、洋書を１冊読み切ったこと（p.96）		洋書の読書に１冊着手した	
5	リーディング	洋書を初めて読み切るための工夫あれこれ（p.100）			
6	リーディング	洋書はどう選ぶ？運命の１冊の見つけ方（p.104）		これだという洋書を選べた	
7	ライティング	一番鍛えられたのは、チャット！（p.120）		10回以上チャットのやりとりをした	
8	スピーキング	ひとり社内英語公用語化③社内での日常会話（p.133）		社内での日常会話を２パターン以上作成し、英会話で使った	

＜学習の仕方＞

いよいよ、洋書にチャレンジしましょう。またYouTubeを観たり、チャットをしたりと、「英語学習」というより英語を使うことを楽しみましょう。

「ひとり社内英語公用語化」は、仕事で英語を話す疑似体験のつもりで取り組みましょう。

第４四半期

- 英語学習を始めて、10カ月目から12カ月目
- TOEIC目標：800点程度

英語学習開始後、10カ月目から12カ月目を想定したこの時期は、ぜひ実際に英語を仕事で使うつもりで練習に励みましょう。

仮に明日や明後日に、上司に突然呼び出されて「来週から、英語を使う仕事を任せようと思う」と言われても、困るどころか「待ってました！」と思えるよう、学習というより本番を見据えた予行演習として取り組むことが大事です。

英語を使ってなりたい自分になる、その日はもうすぐそこまで来ています。ここまで来たら、必ず目標を達成できると信じて、しっかり集中力を高めていきましょう。

＜この時期に意識するポイント＞

- 仕事を想定した英会話練習
- 仕事を想定したリーディング・ライティング
- TOEICの目標スコア達成

第４四半期チェックシート（期間：　　年　　月～　　年　　月）

	カテゴリー	第2章の学習方法	使用教材	アクション	判定
1	リスニング	TOEICのリスニングセクションは、仕事で使える英語を身につけたい人に最適（p.66）		『TOEICテスト新公式問題集』のリスニングセクションを解き、９割正答できた	
2	リスニング	BBC NEWS LIVE RADIOで、本場イギリスのラジオを楽しむ（p.80）		BBC NEWS LIVE RADIOを10回以上聴いた	
3	リーディング	TOEICのリーディングセクションは、あらゆるレベルをカバーする驚異的な教材（p.82）		『TOEICテスト新公式問題集』のリーディングセクションを解き、９割正答できた	
4	リーディング	インターネット上の英語ニュースで学ぶ～BBC NEWS（p.87）		BBC NEWSの記事を平均１日１つ以上読んだ月がある	
5	ライティング	英文履歴書を書いてみる（p.124）		英文履歴書を１つ完成させた	
6	スピーキング	ひとり社内英語公用語化④レギュラー業務（p.137）		２つ以上の業務について英語にし、英会話で使った	
7	スピーキング	ひとり社内英語公用語化⑤イレギュラー業務（p.141）		１つ以上の業務について英語にし、英会話で使った	
8	スピーキング	英会話レッスンで、仕事のロールプレイングをする（p.144）		仕事のロールプレイングを、３回以上英会話で行った	

＜学習の仕方＞

この時期は、英語のニュースを聴いたり読ん
生の英語に慣れていきましょう。

レギュラー業務やイレギュラー業務の「ひ
公用語化」や、仕事のロールプレイングで
面を想定した英会話に力を入れていきま

これまでずっと使ってきた『TOEIC
集』でも、登場した表現が仕事で使え
り身についているか確認しましょう

第4章

TOEICで900点突破を狙うあなたのための集中コース

TOEIC 900点突破を目指すことをおすすめするのは、このタイプの人

この章では、TOEICで900点を突破したいという、さらなるスコアアップを目指す人のための内容です。

僕は、**必ずしも誰もがTOEIC900点を目指す必要はない**と考えています。

その理由は、**TOEICでは800点ぐらいまではスコアが順調に上がりやすいのですが、そこから先、860点**（TOEICのAレベル）、**そしてさらに900点に到達するまでには、より時間がかかるようになる**からです。

僕自身も、英語学習開始から1年4カ月で860点を超えた後、そこから900点を超えるまでに10カ月かかりました。

TOEICで900点を突破するスキルは必要だとも思いますが、その半面、そこにこだわりすぎて仕事で英語を使う機会を逃してしまわないよう、チャンスがあれば飛び込んで、**仕事で使いながら英語のスキルを伸ばしていけばいい**とも考えています。僕の周りにも、TOEICで約800点、もしくはそれ未満でも、英語を使って国内外で支障なく仕事をしている人たちがいます。

それでもなお、900点を突破するまで受験を続けたほうがいいとおすすめできるのは、次の2つのタイプの人です。

1. TOEIC900点突破が会社でのアピールになる人

TOEICで900点以上のスコアを取る人は、国内の受験者数の約3%です。

実際、僕の職場で英語を使う人たちの中でも900点を突破している人はほとんどいなかったため、僕が900点以上のスコアを取ったことは、英語を使う仕事を担当させてもらう上で、アピールの材料になりました。

逆にもし、僕の職場にTOEICで900点を超える人がぞろぞろいたなら、僕はTOEICの勉強は800点ぐらいまでで一区切りつけて、その後の英語学習の時間を、英会話やライティングなどに充て、より「英語を話せること」「英語を書けること」をアピールしていたかもしれません。**あなたの今の環境や今後移りたい職場で、TOEIC900点以上を取ることが他の人との差別化になるか、市場価値という観点で捉えてみる**のがおすすめです。

2. どうしてもTOEICで900点以上取りたい人

次に、仕事に活かす活かさないを問わず、どうしても900点を突破したいと思う人も、受験を続けるのがいいと思います。

僕はこのタイプでもありました。900点にこだわることにあまり意味はないかもしれないと考える半面、取らないままやめたら後悔する気がしたため、900点を突破するまで受けました。

実際、900点突破まで取り組めば、800点のときより高い英語スキルが確実に身につくので、決して無駄にはなりません。

あくまで、あなた自身の実用的な面と気持ちの面のバランスから、何点を最終目標にするのかを決めることが大切です。

まとめ

- TOEIC900点は、必ずしも全員が取らなくてもいい！
- 会社でのアピールになる人や、どうしても取りたいと思った人は、900点突破を目指すのもいい！
- 時間は限られているので、バランスを考えて決めるのが大事！

成長に差がつくポイントは、苦手な項目の分析

英語を勉強しているＡさんとＢさんがいるとします。

２人が同じぐらいのレベルから学習をスタートして、同じ時間をかけて、同じ方法で、同じぐらい真剣に勉強しているのに、**ＡさんとＢさんで英語力やTOEICのスコアの伸び方が違う**とすると、考えられる違いの１つは、**苦手な項目を分析しているかどうか**です。

「TOEICのスコアがある段階からなかなか上がらないんですけど、どうしたらいいですか？」と先生に質問するとき、「リスニング［リーディング］が苦手」というだけでは不十分です。**具体的にどのパートのどんな問題が苦手なのかまで説明できる人**は、そのための対策を立てることができ、苦手なところをつぶして総合的な英語のスキルを伸ばすことにつなげやすいです。一方、何が苦手なのか説明できない人はその逆で、同じ結果を得るまでにより多くの時間を使うことになります。

＜苦手項目の例＞

- PART 1で、主語が物の場合、“○○ have/has been ＋過去分詞”（○○が△△された）か“○○ is/are being ＋過去分詞”（○○が△△されているところだ）かを聞

違える。

- PART 2で、イギリスやオーストラリアの発音だと聴き間違える。
- PART 3で、会話の登場人物が次に何をするかを問う問題で間違える。

例 What will the caller most likely do next? (電話をかけてきた人は、おそらく次に何をするでしょう?)と聞かれて、2人の登場人物のうちどちらについての質問なのか混乱する。

- PART 5で、(冠詞) 空欄 (名詞) となっているときに、空欄に入るのが現在分詞か過去分詞かで間違える。

例 the ______ itemという問題で、空欄にdeliveringとdeliveredのどちらを入れるべきか迷う。

- PART 7のダブルパッセージ問題で、2つの文書から情報を探す問題で間違える。

例 文書1の納品書には商品名が書いてあり、文書2のメールにはその商品の特徴が書いてある場合、その2つが同じものを指しているということを見過ごしてしまう。

こんな具合に、**細かいところまで自分の弱点の傾向を挙げ、それを打破できるように対策を考えましょう。**

TOEICで苦手箇所を把握するためには、相応の量の練習問題を解いて、間違えた原因を1つひとつ確認していく作業が必要になりますので、なかなか骨が折れます。

ですが、それをやるかやらないかで、目標達成までの期間は大きく変わってきます。

苦手箇所から目をそらしたまま得意なところばかり勉強し続けていると、それがネックになり、得意なところをさらに伸ばす邪魔になります。

仮に、せっかくリスニングが得意だとしても、文法が苦手だと、リスニングもある段階からスコアが上がらなくなります。英語自体をはっきり聴き取れても、文法を理解できないと意味を取れない場面が出てくるからです。

では次に、どうやって苦手箇所をつぶせばいいのでしょうか？

以下の２つの方法に時間を集中的に使いましょう。

- **苦手なところを重点的に繰り返して復習する。**

→正しい文を、暗唱するぐらい音読し、体に覚え込ませるようにします。

- **間違えてしまうプロセスを分析し、新しいプロセスを作る。**

→例えばPART ５で、空欄の前後１語ずつだけ見ていたため文意を誤って理解することが多かったので、設問を全体的に読んで意味を理解し、選択肢を選ぶようにする、など。

英語学習のはじめは、まずは好きなこと、興味のあることをがんがんやって、英語を習慣化するのがおすすめです。しかし**どこかのタイミングで苦手な項目の分析と対策に比重を置くようシフトしましょう。そうすると、その後の伸び方が加速しますし、より一層英語が面白くなってきます。**

もしあなたが、たくさん勉強しているのにどうも成長に引っかかりを感じるなら、ぜひ苦手な項目の分析と対策を実践してください。

まとめ

- 英語の各技能はすべてつながっているので、苦手な項目があると得意なところが伸びる妨げにもなる！
- よって、苦手な項目をなくさないと、TOEIC900点突破は難しい！
- 必要なのは、苦手な項目を分析し、重点的に繰り返し、間違えてしまうプロセスを変えること！

ストップウォッチで、英語を読むスピードが飛躍的に上がる

僕は36歳で英語学習を開始したとき、**英語を読むのがとても遅く、途中で固まってしまって先に進めなくなる**、ということがよくありました。

主な原因は、単語の意味がわからない、動詞の目的語が見つけられない、文の途中で元に戻って読み直してしまう、その後、元々読んでいた場所を見失う、そのうち文頭の意味を忘れる……などなど。散々な状態でした。

単語を覚えたり、読む量を増やしたりして、徐々にましにはなっていきましたが、まだまだ全然遅く、TOEICのPART 7でも、10問以上塗り絵（時間が足りなくて問題を最後まで解けず、マークシートの選択肢を適当に塗りつぶすこと）という状態が続きました。こんな調子では、900点突破どころではありません。

ところがある日、あるツールを使い始めたら、明らかに読むスピードが上がりました。

そのツールとは、ストップウォッチです。

なぜストップウォッチを使うと読むのが速くなったのでしょうか？　今考えると、納得できる3つの理由があったのです。

1. 急ごうとする意識、スピード感が芽生える

ストップウォッチを手にして「よーい、ドン！」でスタートすることで、**「急いで読まないと！」という意識にスイッチが入ります。**時計で時間を計るより、毎秒の経過を表示するストップウォッチのほうが、追われている感じがして効果的です。僕はiPhoneのストップウォッチを使っていました。

陸上競技の選手も、ストップウォッチでタイムを計りながら意識して走ることで、より速く走れるのではないでしょうか。それと同じ効果が、英語のリーディングでもあると感じます。

2. 時間の枠に、自分を合わせるようになる

制限時間を先に決めてしまうことで、「この記事を読むのに何分かかった」という発想から、「何分以内にこの記事を読むには、どれぐらいのスピードで読まないといけないか」という発想へと変わります。

時間の枠は変えられないので、そこ**に自分の読むための所要時間が収まるように当てはめる**、というイメージです。

例えば、TOEICのPART 7であれば、1問を1分で解けるようにしないと、時間がほぼ足りなくなります。そのことを先に知っておけば、長文をかなり速く読まないと間に合わないことに気づけます。

すると、単語を見た瞬間に意味を捉えることや、読んでいる途中で前に戻らず語順どおり理解すること、文の後半を読むときにも前半を覚えておくことなどが**必要で、それぞれの足りないスキルを補うことが必要だとわかります。**

3. 何分経過したかという時間感覚が身につく

ストップウォッチで時間を計りながら英文を読んだり、TOEICの問題を解いたりしていると、そのうち、**「今、1分ぐらい経過したな」というのがわかるようになってきます。**

すると、単語の意味がわからずに立ち止まり、気づけば時間が過ぎていた、という事態に陥ることがなくなってきます。

つまり、**「何秒ぐらいまでなら立ち止まってもいいか」という感覚が身につく**ため、悩んでも答えの出ないところで無駄に時間を使うことを回避でき、結果として読むスピードが上がる、というわけです。

また、これは僕自身が経験して驚いたことですが、**英語を読むのが速くなると、日本語を読むのも速くなります。**仕事では、メールでも何でも、読むスピードは速いほうがいいのは言うまでもありません。

また、英語学習での「よーい、ドン」を意識したスピード感やタイムマネジメントの影響で、あなたの仕事のパフォーマンスも高まっていきます。

あなたもぜひ、ストップウォッチを使うことを癖にして、英語学習で身につけたスキルを仕事にも活かしていってください。

まとめ

- TOEIC 900点突破には、英文を速く読む必要がある！
- ストップウォッチを使えば、スピードがアップする！
- 速く読む意識づけ、時間枠に合わせる読み方、時間感覚の体得、がポイント！

TOEIC 900点突破の境界線 リスニングでは、苦手撲滅とシャドーイング！

僕がTOEICで900点の壁をなかなか超えられなかったとき、リスニングの勉強法として新たに取り入れたことが2つあります。それにより、900点を突破しました。

それは、**【苦手撲滅】**そして**【シャドーイング】**です。

僕は890点を取った頃、「このまま勉強を続ければ次回には900点を超えるだろう」と思っていました。が、現実は甘くありませんでした。次の回では850点に下がり、その次も880点止まりでした。サボっていたわけではなく、毎日しっかり勉強をしていたにもかかわらず、また「今回は 900点を超えたかも」という手応えがあったにもかかわらず、結果は出せませんでした。

そのとき、「もう、これをやるしかないだろう」と思い当たったのが、【苦手撲滅】と【シャドーイング】です。

苦手撲滅

900点突破を本気で目指す時期には、**心底苦手な項目はほとんどなくなっていると思いますが、「得意ではない」ぐらいのタイプの問題はあるはずです。**

僕の場合は、「PART 1」だと自覚していました。

一般的には、PART 1はリスニングセクションの中でも易しいと言われているようですが、僕は以前から毎回2〜3問落としていました。

そこで今回は、自分がどこで間違ってしまうのかをきちんと分析し、問題集でPART 1のいろんなタイプの問題を解くようにしました。

僕の場合は、写真の手前に目立って写っている物や人についての選択肢が正解だろうと思っていたら、奥のほうの目立たない物や人、景色についての選択肢が正解だったりするような間違いが多いことがわかりました。そこで、「視野を広げて全体をくまなく見る」ことを意識し、パッと目に入ってくるもの以外のところまで気を配るようにしたのです。

あなたの**苦手なタイプの問題をなぜ間違えるのか分析して、そのタイプの問題をたくさん解いて、苦手な問題も苦手意識も完全に撲滅する**ことで、900点突破の実現がぐっと近づきます。

シャドーイング

シャドーイングとは、「音声が流れた後、一瞬遅れて発音を真似する」という方法です。

「シャドーイングは効果的だ」といろんな本に書かれてい

たので、僕もそれまでにチャレンジしたことはあったのですが、タイミングがつかめず、音声に追いつけなくなってしまい、当初は続けられませんでした。

でも、TOEIC 900点超えのためならとにかくやってみようと思い、TOEICのPART 2やPART 3の音声を使ってやってみました。

最初は全くできなかったので、まずは**原稿を読みながらオーバーラッピング（音声に合わせて同時に発音）**することから始めました（オーバーラッピングでもついていけない場合は、いったん音声を止めて音読だけをするステップを加えるのもおすすめです）。何度か繰り返すうちに、音声の速度に自分の口が追いついてきたのを感じたため、次は**原稿を読まずに、音声に合わせて発音**しました。それにも慣れたところで、**いよいよシャドーイング。音声が流れた後、一瞬遅れて発音を真似していきました。**PART 2から始めると、音声が短くてやりやすいと思います。

タイミングをつかむまでは時間がかかるかもしれませんが、何度も繰り返しているうちに、コツがつかめてきます。**「音声が聞こえたらすぐに発音する」ぐらいのタイミングで、自分の声はなるべく小さく、「発音を真似すること」に一番意識を集中させていきました。**完璧に全単語が言えなくても、速度に追いついてだいたい発音できたらよしとして、何度も繰り返すと、徐々に精度が上がっていきます。

シャドーイングがリスニングに効くのには、2つ理由があると感じています。

1つ目は、**発音を真似ることで正しい発音を体が認識する**ようになるため。もう1つは、**音声を口で追いかけることでリスニングの集中度が上がる**ためです。

シャドーイングは、リスニングだけのときよりも疲れるのですが、その分効果は大きいので、あなたがTOEIC 900点突破を目指すなら、ぜひ毎日の英語学習に組み込むことをおすすめします。

まとめ

- 「苦手ではないけど得意ではない」項目も、徹底的につぶそう！
- シャドーイングで、リスニングスキルがレベルアップする！
- シャドーイングの前に、音読やオーバーラッピングから始めるとやりやすい！

TOEIC 900点突破の境界線
リーディングでは、タイムマネジメントを徹底しながら全文を読む！

僕がTOEICで900点をなかなか突破できなかった時期と、突破してからとをリーディングセクションで比べてみると、**決定的に違うのは、英文を読むスピードです。**

900点に届かなかった時期は、PART 5, 6, 7のいずれも、全文を読めてはいませんでした。

PART 5と6は基本的に空欄の前後だけ読んで、正解に確信が持てればそのまま解答する。わからなければ空欄の前後以外のところも読んでみる。PART 7は、設問は全部読む、長文はポイントとなる箇所はじっくり読み、あとはザッと読む。選択肢は(A)から順に読んでいって、正解がわかったら残りの選択肢は読まない。

そんな感じで細部まで目を通すことを省略して、試験の5分前にようやく解き終わるという状態でした。

ところがこの方法だと、自分が確信を持って答えたつもりでも、実は読み飛ばしたところにヒントが隠れていたり、内容を理解できていなかったりして、ミスをしてしまう問題が毎回ありました。

そこであるとき、「PART 5を1問平均20秒以内（早いものは1問3秒、長くても1分)、PART 6を1問平均30秒以内、PART 7を1問平均1分以内」という**タイムマネ**

ジメントを徹底しながら、「長文も設問も選択肢も、すべての英文を読む」ことにしたのです。

これは当時、かなりスピードアップしないと間に合わない速さでしたが、900点を超えるには、**読み飛ばしによる勘違いをなくし、内容もすべてきちんと理解する**、つまり本当に英語を読むスキルを上げるしかないと思って取り組みました。

時間内に解き終えられないというのは、文法知識、語彙、文の構造理解など、何かで引っかかってスムーズに読めないということですので、原因を分析して、ちょっとしたミスも徹底的につぶしていきました。

その上で、英語を読む速度を底上げするには、大量に英文を読むしかないと考えて、毎日こつこつ、英語のニュース記事や、TOEICの問題の長文や、洋書を読んでいきました。

人それぞれ読むものや読み方は違っていても、この「大量に読む」という経験は、英語を速く読めるようになった人みんなに共通しているのではないでしょうか。

また、タイムマネジメントについては、p.171でご紹介したようにストップウォッチを使い、模試や本番の試験を解くときには腕時計を見ながら、

「(13:00スタートでリスニングが13:46に終わる場合) PART 5を14:01までに、PART 6を14:07までに、PART 7のシングルパッセージを14:37までに、ダブルパッセージを14:57までに終わらせる」

というような管理を徹底するようにしました。

その結果、TOEIC（IPテスト）受験時に「PART 5, 6, 7の長文、設問、選択肢、すべての英文を読み、かつ内容も理解できた」と初めて思えたときに、970点を取ることができました。

そして、当時はかなり速いと思っていた、この**「全文を読んで、理解して、時間内に終わらせる」ための速度は、実際に仕事で英文を読むときの標準的なレベル**だと、今では感じています。

裏技でもラクラクでもないですが、その代わり確実に、TOEICでスコアアップして、かつ仕事で活かせるリーディングスキルも得られる方法です。ぜひ挑戦してみてくださいね。

まとめ

- リーディングで目指すべきは、「長文も設問も全文読み飛ばさずに、時間内に解答できる」こと！
- 時間が足りない場合は、どこかで足止めされて時間を使っているはずなので、原因を探ること！
- このスピード感は、仕事で英語を読むのに必要なレベル！

第5章

英語を仕事で使うために大切なこと

英語学習のSEO対策
あなたに最適な学習法の見つけ方

あなたがインターネット検索をよく利用するなら、SEO対策という言葉は耳にしたことがあるのではないでしょうか。

SEOとは、Search Engine Optimization（検索エンジン最適化）の略です。

GoogleやYahoo!といった検索エンジンによるキーワード検索の結果に、自分のサイトを上位に表示させたいときに用いるしくみです。

さて、本書で言う**「英語学習のSEO」**とは、僕が作った造語で、**Search English (Learning) Optimization**、つまり、

【あなたにぴったり最適化された英語学習法を探す】

という意味です。

世の中には、本当にたくさんの英語学習法、英語学習教材があふれています。

その中のどれを選んでもきっと間違いではなく、きちんと集中して時間をかけて取り組めば、英語は身につくと思います。

そうは言っても、自分に合った方法でやらないと、非効

率的、非効果的になりかねません。

そこで、SEO対策の出番です。以下に、具体的なステップをご紹介します。

ステップ1．憧れの「あの人」の英語勉強法を学ぶ

まずは、あなたが憧れてやまない人の英語勉強法を、その人の著書やインターネット、テレビ、雑誌、あるいはセミナーなどで学んでみましょう。

同時通訳者、TOEIC満点の先生、語学書のベストセラー著者、海外で活躍する日本人のスポーツ選手、英語ネイティブではないハリウッド俳優などなど。

英語を使って第一線で活躍される方々は、本当に輝いています。あなたの憧れの人の考え方、生き方、勉強法に触れることで、**「自分も、あの人のようになりたい！」とモチベーションが高まる**ことは間違いありません。

でも、多くの人に、ここで1つ悩みが生じます。これらの方々の方法は、ものすごい気合と時間をかけていたり、今の自分とは環境がかけ離れていたりして、真似するのが難しく思えることが多々あるのです。

そのため、せっかくやる気になったのに、「そうは言っても自分には無理だ」と、結局行動しない人が多いのです。これは、とてももったいない話です。

次のステップ3でその解決策をお伝えしますので、このままステップ2に進んでくださいね。

ステップ2．あなたの身近なロールモデルを見つける

次のステップは、自分の目標、環境、年齢、職業、性格の似ている、ロールモデルになる人を見つけることです。

ステップ1よりは**ぐっと身近で、有名人というよりは、自分が数年後になれそうな人**ですね。

こういった方々の勉強法は、ブログやTwitter、雑誌の英語特集で紹介されている「私はこうして勉強しました」といった記事、あるいはセミナーなどの参加者同士の交流の中で知ることができます。

英語を身につけるためには、あなたが現実的に続けられることが大事です。あなたと立場や生活環境の近い方の勉強法なら、参考にすることが可能です。

ステップ3．エッセンスをもらい、最適化して自分の中に取り入れる

ステップ1の「憧れの人」はもちろんですが、ステップ2の「身近なロールモデル」であっても、その人たちがしてきた学習法を、**そのまますべて真似することは難しく**、また、仮に無理して真似しても効果の最大化につながるとは言えません。

なぜなら、どれだけ似ている人でも、1人ひとりの性格や環境は違っていて、もっと言えば同じ人でも日々変化していくためです。

そこで必要なのは、その人たちから**エッセンスをもらって、自分なりのやり方に変える**ことです。

ここがまさに、**Search English (Learning) Optimizationの一番大事なステップ、【最適化】**です。これは、あなたにしかできないことです。

例えば、「週末は欠かさず英語カフェに行って見知らぬ外国人に話しかける」という方法を知って、「え！　自分は出不精で引っ込み思案だから、カフェに1人で行って知らない人に話しかけることなんてできない……」と思う人が、「でも、英語を身につけるために積極的に出かけて、どんどん話しかけないと！」と無理して頑張ったあげく挫折してしまうのでは、努力したかいがありません。そうでなく、「定期的に誰かと英語を話す機会を持てばいいんだな。じゃあ、オンライン英会話なら家でできるし、自分から知らない外国人に話しかけなくてもいいから続けられる」というふうに考えて、自分仕様にしていけばいいのです。

自分ではとても真似のできないようなすごい努力をされてきた方の学習法も、大変参考になります。その**すごい方のやってきたことを1つでも2つでも取り入れる**ことで、自分のレベルを上げることができますし、多くの先達が仰っているポイントは、実は共通していたりするのです。

何より大事なのは、「これだ！」とハマる方法、心から信じる方法を見つけ、あとは毎日こつこつと積み重ねていくことです。

このやり方だと決めたら、あれこれ浮気しないで、成果

が出るまで続けましょう。

ただ、もし1週間ほど集中して取り組んでも全くノッてこないしワクワクもしない、もしくは、1カ月ほど続けても身につく感覚もなく成果も全く出ないなら、方法の変更を検討してもいいでしょう。**今の自分に最適な方法を、定期的にチェックすることも必要です。**

正しい学習法を見つけるというよりは、あなたが続けられる学習法を、無理のないようにコントロールし、飽きないように新鮮な状態にアップデートし、確実に育てていけるよう工夫すること。それが、英語学習のSEOです。

学習法の絞り込みで効果アップ！

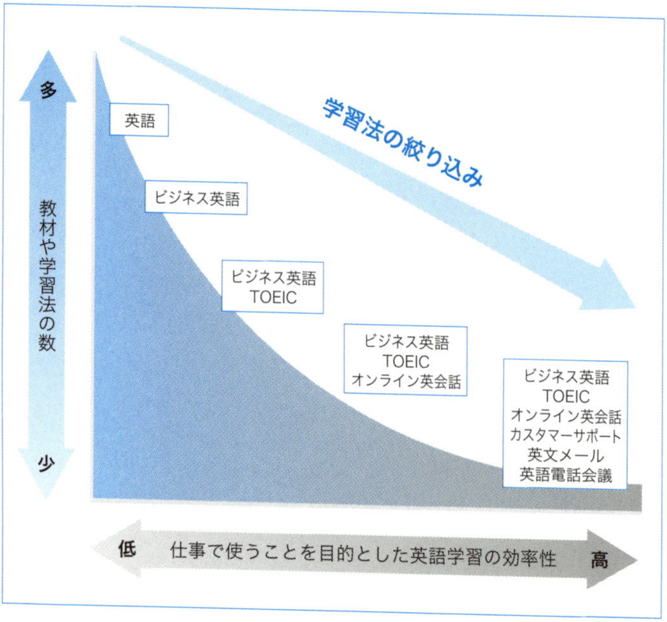

▶ 様々な学習法を探せるおすすめサイト

みんなの英語学習法が集まる情報サイト English Path

(produced by レアジョブ英会話)

https://www.rarejob.com/englishpath/

様々な立場や環境の人たちの学習法が載っており、とても参考になるサイトです（僕の連載コラムやインタビューも掲載していただいています）。ぜひチェックしてください。

まとめ

- 憧れの人や、ロールモデルになりそうな人の学習法を参考にしよう！
- それらのエッセンスを自分に合うように取り入れてみよう！
- あれこれ浮気せずに一意専心で！（定期的な見直しは必要）

ポイントは、「ポイント」をつかむこと！

僕が仕事で英語を使う中で、一番重要だと感じているスキル、それは「ポイントをつかむこと」です。話やメールや資料から、ポイントを聴き取る、読み取るスキル。書いたり言ったりして明確に伝えるスキル。極端に言えば、それだけできればいいとさえ思うことが、よくあります。

例えば、1時間の英語会議に、最初から最後まで集中することや、すべてを日本語に訳すことは難しいですし、その必要もない場合がほとんどです。

これ、TOEICにも似ていますよね。

リスニングやリーディングで、ポイントさえ逃さなければ答えられる問題は結構あります。

TOEIC対策以外の英語学習の際にも、「このリスニング教材や英文記事のポイントは何だろう？」と考える癖をつけておけば、いざ仕事で英語を聴いたり読んだりするときにも、ポイントをつかみやすくなります。

また、英語でのビジネスでは、当たり前と言えば当たり前ですが、英語スキルだけでなく、仕事の知識と経験が必要です。

そのため、仕事が完璧で英語がそこそこの人と、英語が完璧で仕事がそこそこの人だと、前者のほうが重宝されます。

ここで言う「そこそこ」は、仕事で自分が直接関わる内容について、**少々間違いや聞き返しがあったとしても、読み書き話し聴きができるレベル。**こちらから質問を投げかけたり、相手に対して答えたりできるとすれば、**十分「ポイントを捉えられる」、つまり「英語を仕事に活かせる」**レベルと言えます。

それが、本書を手に取っていただいたあなたに目指していただきたいレベルです。

最後に、あなたが実際に仕事で英語を使うようになったときのために、ポイントを強調して話したり書いたりするための方法について書きます。

まずはとにかく、**話すのも書くのもシンプルが一番**です。つまり、**できる限り短くする**ことで、ポイントがわかりやすくなります。

メールで言えば、3行以内を目安にしましょう。もし文の構造を複雑にして、受け取り手が間違った理解をしてしまった場合は、書き手側のほうに改善が必要です。

次に、**話すときなら大事なところを大きめの声やゆっくりめの言い方で強調する、書くときなら大事なことを1文目に持ってくる**、というのも効果的です。

長々と話したり書いたりすると、嫌がられます。内容以前に、聴く気や読む気を失わせてしまうこともあり得ます。

必要なことだけ、端的に伝える。日本語の会議やメールでも同じですよね。

ただ、シンプルイズベストではありますが、英語では相手を気遣う言葉がよく使われます。会議や電話の終わりに“Have a wonderful day!”や、問題が解決して一区切りついたときなどに“Thank you! You did a great job!”のように言います。こうした気遣いの言葉を添えるのも、誰かと協力し合って仕事をする上での大切な「ポイント」です。

まとめ

- 仕事で英語を使う際の一番のポイントは、「ポイントを捉える」こと！
- とにかく「シンプル」を意識しよう！
- ポイントを強調する工夫も大事！

動詞が文頭なら、命令形……とは限りません

仕事のミスから学んだこと

TOEICの問題を解くときに、慌ててしまって、文の意味を違うふうに捉えて不正解になったこと、ありませんか？　後で冷静になってみると「なんでここで意味を取り違えたんだろう」と思ったことが、僕はよくあります。

スピーディーに問題を解きつつ、正確性も求められるのがTOEICですが、考えてみると、これは仕事を行う上でも同じです。僕はスピードにばかり気を取られて、仕事相手の英語の意味を勘違いしてしまったことがあります。

この勘違いの原因は【先入観】、そしてそれを防ぐためのポイントは【前後関係】です。

私：Could you give me instructions on how to fix the problem?（その問題を解決する方法について、指示をいただけますか？）

相手：**Filed** a request.

この場合、相手が言った正しい意味は「（私がすでに）リクエストを**提出しました**（だからあなたは何もしなくていい）」というものです。**主語のIが省略されてFiledから始まっています。**※

が、僕は誤って「リクエストを**提出してください**」という命令形と取ってしまったのです（FiledとFileを勘違いしました）。これだと、意味は全く異なり、仕事にも支障が出てしまいます。

誤った原因は「動詞が頭に来れば命令形だろう」「こちらからは指示を仰いでいるので、それに対する返答は命令形だろう」という先入観です。

これを避けるために重要なのが、発言者の意図を理解することです。そしてその鍵が、前後関係をつかむことです。

また、Fileと聞いて「提出する」ではなく「(ファイルに)綴じる」という意味を思い浮かべたなら、「リクエストをファイルに綴じました」とも取れてしまいます。

そんな様々な可能性の中から、**発言者がその言葉をどんな意図で言っているのかを、前後関係から紐解く**プロセスを1つ加えるのです。

その上で、実際に仕事でこうした場面に出くわしたときに、一番いい方法をお伝えします。

相手の言っていることがよくわからなければ、【相手に確認すること】、これにつきます。

Just in case, let me confirm, please.
(**念のため**、確認させてください)

※このような「省略」が使用されるのは、比較的カジュアルな雰囲気のビジネスの場面で、主にチャットや短いメールでコミュニケーションを行う際です。フォーマルな場面では省略しないのが一般的です。他の章についても同様ですが、環境や状況によって好まれる表現は変わってきます。

Can I ask you **to make sure**?
(**確認のため**、聞いてもいいですか？)

のように、Just in case（念のため）、to make sure（確認のため）をつければ、この確認は決して失礼ではありません。このとき確認せずに、実はお互いの認識が違っていたと後で気づくほうがよほどまずいですからね。

そして、例えばこんなふうに続けます。

Which do you mean, you already filed a request, or I should do it?（あなたがもうリクエストを提出してくれたのか、私がすべきなのか、どちらですか？）

このように確認しておくことが大事です。

実は、英語でこの癖をつけておくと、日本語でも役立ちます。認識の違いを防げますし、ちゃんと確認を取ることは、関係者からすると安心ですからね。

僕自身のミスを参考にしていただいて、あなたの英語学習と仕事のスキルアップに、ぜひお役立てください。

まとめ

- ビジネス英語では、スピードを重視するために省略が使われることもある！
- 先入観に注意することと、前後関係を意識することが大事！
- ミスを防ぐ一番の方法は、相手に確認すること！

英語を話すトーンを決めて、英語ユーザーを演じることのメリット

英会話を始めて間もない頃は特に、英語で話しかけられたときに相手のペースに飲み込まれてしまったり、知っているはずの言葉が出てこなくなったり、声が小さくなってしまったりと、いろいろと苦労することと思います。

僕自身、日本語でも人とうまく話をできるタイプではないので、英語ではなおさら緊張してしまっていました。

そこで実践してみたのが、

「英語を話すトーン、スピード、表情を決めて、英語ユーザーを演じてしまう」ということでした。

方法は、まずあなたが「こんなふうに話したい」と思える人を作り、真似します。

僕がお手本にしたのは、第２章の「YouTubeで、場面まるごと吸収する」でもご紹介した、ZapposのCEOのトニー・シェイさんです。

少し落ち着いたトーンでややゆっくりめに話す点が、自分に合っていると思ったためです。

次に、自分が英語を話している声を、音程や速度や話し方を何度か変えて、録音します。

それを自分で聴いて、もしくは他に聴いてくれる人がい

れば聴いてもらって、一番心地よいと思うパターンを選びます。それを、あなたが英語を話すときのスタンダードとして設定します。

表情は必ず笑顔です。作り笑顔でも引きつり笑顔でも、とにかく笑顔でいましょう。

英語を話すトーンを決めてしまうメリットは、2つあります。

自分の口調をしっかりとキープすることで、相手のペースに巻き込まれて慌てなくなること、英語を話すスイッチが入って英語ユーザーを演じやすくなることです。

「英語を話す自分を演じる」と意識すると、心の抵抗が減り、英語を話しやすくなります。

このことを知ったのは、僕がコールセンター業界で働く中で、次のことに気づいたのがきっかけです。優秀な電話対応者は自分の一番いい声のトーンと話し方を決めていて、そのことが、どんなお客様であってもペースを乱さず、話を丁寧に聴きながらも主導権を持って会話を続けることにつながっているのです。

また、笑顔でいるようにすると、最初はたとえ作り笑いであっても、そのうち本当の自然な笑顔になってきます。

コールセンターでは、デスクに鏡を置いて笑顔をチェックするところも多くあります。顔の見えない相手に対しても笑顔が声の表情を変え、対応の品質を変えるということを示す一例ですね。

普段の業務においても、社長は社長を演じ、サラリーマンはサラリーマンを演じているのではないでしょうか。それはつまり、プロのスイッチを入れることだと思います。

仕事で英語を使う際にも、ぜひプロのスイッチを意識していきましょう。

まとめ

- 英語を話すトーンやスピードを決めておくと、慌てずに自分のペースで話せる！
- 英語ユーザーを演じることで、プロのスイッチを入れよう！
- 一番大事な、笑顔を忘れずに！

同僚と会社で英語を学ぶと、仕事にも英語にもメリットがある

仕事で使う英語を身につけるために、おすすめの方法をご紹介します。

それは、**会社の仲間**（同僚、上司、部下）**と一緒に、業務上のテーマで英語の練習をする**ことです。第２章の「仕事のロールプレイング」のところでご紹介したように、台本を作って本番さながらに仕事のやりとりをするのです。

今はまだ英語を仕事で使う機会のない人でも、業務後に会議室に集まって勉強会を開くのがおすすめです。実際、社内で集まって英語学習をする「英語部」「英語クラブ」といった活動をする企業も増えているようです。

社内で同僚と英語を学ぶ４つのメリットをご説明します。

1. 実務にカスタマイズした実践的な練習ができる

せっかくなら、現実的に使わない例文よりも、なるべく自分が仕事で使いそうな例文で練習したいところです。

でも、本当にしっくりくる英語が載った本は、なかなかないものですよね。各業界に特化した例文ばかり載せた本は、読者層が絞られすぎますから、無理もありません。

そこで、**会社内で実際に一緒に仕事をしている人たちと、**

仕事のやりとりを英語で台本にし、テンプレート化して練習すると実践的です。

仕事で出てくる表現はパターン化できますし、1人でやるよりも数名でアイデアを出し合ったほうが、よりいいものができあがります。

2. 業務で使う英語のスタンダードを作れる

チームで仕事をする場合、メールの形式や業務で使う表現や専門用語などは、**「この場合はこれを使う」というスタンダードをある程度統一しておくと便利です。**

時々、ある概念について、人によって違う用語を使うことがあります。異なる業務やプロジェクトで英語を使ってきた人が集まって仕事をする場合はそうなりがちです。日本語でも同じですね。

例えば、お客様の「声」と言いたい場合のfeedback, voice, opinion, suggestion, complaintの使い分けの基準は、人によって異なるため、すり合わせが必要です。

3. それぞれの社員の英語の得意なところ、苦手なところがわかり、業務上のサポートがしやすくなる

同僚と英語を学んでいると、「○○さんは文法に詳しい、○○さんはリスニングがすごい」といったふうに、一緒に

仕事をする人たちそれぞれの特徴がわかってきます。

そこで大事なのは、**お互いの英語レベルの違いを気にするのでなく、一緒にチームで解決すればいい、というムードを作る**ことです。

例えば、先述の英語の台本やテンプレートの作成時に活躍するのは、年齢が上のベテラン社員たちです。仕事をパターン化するのに、彼らの豊富な経験は欠かせません。一方、「若い人は仕事の経験は少ないけど、リスニング力や記憶力が高い」といった具合に、**お互いの強みを活かし、協力し合う**のです。

4. 仕事と英語の連動が、モチベーション継続につながる

英語スキルの土台の多くは、自分でこつこつ取り組む自習時間に作られますから、その間は1人ぼっちで頑張ることになります。

でも、気持ちの上では1人ではなく、**会社のチームワークで英語をやるんだという意識は、モチベーションにも仕事の成果にもつながります。**

「自分の会社では英語をやっている人なんていないよ」と思っていても、実は「隣の隣の部署の○○さんが英語を勉強中だった」ということはよくあるものです。

やる気が出ないときにも、「仕事だし、頑張らないと評価に響くかも……」「さぼると憧れの○○さんに冷たくさ

れるかも……」といった葛藤をうまく利用できるのもいいですね。

5. 社員と会社の間で、英語スキルと学習状況のシェアができる

会社で勉強することにより、あなたにとっては**会社へ英語スキルをアピールできて、英語を仕事に活かせるチャンスが広がります。**また、会社にとっては**社員の英語スキルと学習意欲を把握できます**から、双方にとってメリットがあります。

はじめの頃は、**「まだまだ英語レベルが低いから」と言って、自分が英語を勉強していることを社内の人に知られるのをためらう**人もいるかもしれません。

が、今の実力がどうかというよりも、**あなたが本気で仕事に活かそうとしている姿勢を社内の人に知ってもらうことこそが、今後英語で仕事をしていくチャンスを得るために大切**なのです。

まとめ

- 同僚と一緒だと、より仕事の本番に近く実践的な英語を身につけられる！
- お互いの英語の得意なところ、苦手なところがわかり、協力し合える！
- 仕事と英語の連動が、モチベーション継続につながる！

会社へ英語力をどうアピールするか

このテーマは、英語学習を仕事に活かす上で、とても重要です。なぜなら、**あなたがせっかく一生懸命英語を勉強して、仕事で使えるだけの英語力を身につけても、そのことを会社で誰も知らなければ、それを活かす機会は回ってこない**からです。

アピールすることを気恥ずかしいと思う人もいるかもしれません。でも、「ある日突然英語の電話がかかってきて、流暢な英語で対応して同僚を驚かせ、上司から海外事業部門への配属を言い渡される」なんてかっこいいですが、そんなドラマのような出来事を夢見続けるより、**自分から英語力をアピールするほうが、ずっと現実的**です。

では、どうアピールしていけばいいのでしょうか。僕の場合は、次の方法を1つでも間違えたら、英語案件を担当する話は実現しなかったかもしれません。

ポイントは**「時期と頻度」「相手」「内容」**の3つです。

1. アピール時期と頻度

まず時期ですが、英語学習開始直後は一番やる気満々なので、すぐに会社に「英語を勉強してます！」と言いたくなるかもしれません。しかし会社に言うのに**おすすめの時期は、【英語学習開始後3カ月〜半年後】**です。

理由は、会社にアピールする以上、「こいつは英語を仕事で使える」という認識を持ってもらう必要があるので、開始直後だとどれだけ熱く語っても、説得力があまりないためです。また、もしも何らかの事情で英語学習を継続できなかった場合、「口だけの人」と評価されかねませんからね。

英語を身につけるために必要なのは【習慣化】です。3カ月〜半年続けられれば習慣になったと判断できますし、それぐらい学習を続けていると手応えを感じ、英語力もすでにある程度蓄積されています。ですので、【3カ月〜半年がぴったり】というわけです。

「TOEICで860点を超えてからアピールを開始しよう」という人もいるかもしれませんが、仮にそこまでに1年2年かかると、その間に英語を使える仕事のチャンスがあっても見送ることになります。そのため、**できる限り早い時期からアピールし、学習を継続して徐々に英語力が上がっていく姿を見せる**ほうがいいです。

英語で仕事をするのに一番必要なのは、TOEICスコアや留学経験の有無ではなく、**その仕事を実際に【やらせてもらう】こと**です。会社は、「この人ならこの仕事ができる」と判断できる人に仕事を任せます。実務経験がないのに任せてもらいたい場合はなおさら、会社にそう思わせるよう動く必要があります。

アピールの頻度は、一度や二度では忘れられてしまうので、なるべくマメにしたほうがよいでしょう。ただし、会うたびに「英語頑張ってます、英語で仕事やります！」と言ってもうっとうしがられかねないので、徐々に頻度は減らしつつ、忘れられないぐらいのタイミングでまたアピールして、というのがベストです。

2. アピールする相手

次に、相手です。誰彼問わず英語学習の話をすると、やはりうっとうしがられる可能性がありますので、ターゲットを３人のキーパーソンに絞ります。

【直属の上司】【さらに上の上司】【人事担当】

理由は、仕事のアサインの権限を持つのが【さらに上の上司】と【人事】で、その二者が最も参考にするのが、【直属の上司】の意見だからです。僕の場合も、日頃から直属の上司にマメにアピールしておいて、たまに会うさらに上の上司と人事担当者にもアピールしていたら、英語の仕事が回ってきました。

さらに上の上司、というのは、あなたが会社にいて接することのできる一番偉い人、と考えてください。僕の場合は役員クラスの人にもアピールしました。飲み会でちょうど英語の話題になったのを見計らって、ここぞとばかりに

「英語を勉強しているので、仕事があったらぜひやらせてください」と言いました。

人事やさらに上の上司には、ロジカルに、あなたが英語業務をできる理由を伝えることが必要です。また、熱意と前向きさを持って、相手が思わず楽しくなるように活き活きと語ることも、同じぐらい大事です。

3. アピールする内容

最後の項目は、伝えべき内容です。アピールする相手が英語に関心が高くない場合は、こちらから自分はどんなことを身につけて、どう仕事に活かせるかを絡めて話す必要があります。

まずはよくない例から。「TOEICでAレベル入りして、オンライン英会話を1年やっています」。これだと、相手は英語を使う仕事をあなたに任せていいか判断できません。

相手がその情報だけで判断できないことを責めないほうがいいでしょう。Aレベルのことやオンライン英会話なんて知らなくて当然ぐらいに思って、具体的に説明します。

例えば、「今回の案件の○○の業務は、お客様からの問い合わせ内容もある程度決まっているため、一定以上のリスニング力とパターン化された会話力があれば対応できます。私はTOEICで860点を取り、リスニングでは日本の受験者のうち上位3%に入っています。海外勤務の人や英語でプレゼンをこなす人でも、TOEIC 700台の方がたくさんいると聞きますので、この業務は問題なく私が対応できます」といった具合です。

また、「Skypeを使ってフィリピンの講師の英会話レッスンを毎日受けています。フィリピンはアメリカを顧客とするBPO（ビジネスプロセスアウトソーシング）の分野でインドを抜いて世界一になりました。そんな高いレベルの英語力とビジネス経験を持つ先生たちと、チームのマネジメントの仕方やお互いの国の業界の違いなどを話したり、電話対応のロールプレイングをしたりしています」。こんなふうにオンライン英会話をアピールすると、より具体的で伝わりやすくなります。

ポイントは、**【客観的な判断材料をあなたが提供】し、【利益に貢献できること】をアピールし、会社に【あなたを英語案件の担当にすることのメリット】に気づかせる**、という点です。

参考までに、僕の例を書かせていただきます。当時、英語とチームの管理の両方ができる人は、周りにはほぼいませんでした。そのため高いコストをかけて人材募集を行っていました。しかし既存社員の自分が英語を使えるようになれば、会社はコストを抑えられる、だから会社の利益に貢献できる、というロジックを立てました。そしてそれは、２年半後に実現し、僕は英語を必要とする、コールセンターの管理業務を任されました。２年半もかかったとも思いますし、たった２年半とも感じますが、とにかく２年半粘ってようやくスタートラインに立ちました。

僕の場合は最初から、「勉強を続けて英語力さえ上がれば英語の仕事ができるようになる」とも、「英語力を上げて外資系企業に転職する」とも考えておらず、「自分からどんどん動いて、英語の案件を持ってこさせる、もしくは他の人から英語の仕事を奪うぐらい、アグレッシブな気持ちでやらないと無理だろう」と思っていました。

会社に対してアピールすることは、英語学習本にはあまり書かれていませんが、大事なことですので、ぜひ実行してください。

まとめ

- いくら英語を勉強しても、待っているだけでは、仕事で英語を使うチャンスはなかなか来ない！
- 会社へ自分からアピールしよう！
- ポイントは、「この人になら英語の仕事を任せられるし、会社の利益に貢献できる」と思わせる内容を、人事を判断する立場の人にアピールすること！

お金と時間をどれだけかけた？英語学習のROI（投資対効果）を忘れずに

ここでは、大人が英語学習をする上で大切な、**「投資対効果」**についてお話しします。ビジネス用語では、**ROI（Return On Investment）**と言い、利益を投資額で割ったものです。事業活動をする上で、これを考えない企業はありませんよね。

ではなぜ、英語学習においてもROIが大切なのでしょうか。

英語学習には、相当数の時間がかかります。また今の時代、無料や格安の英語学習法がたくさんあるとは言え、参考書やTOEICの受験料など、ある程度お金もかかってきます。**あえて強い言い方をすれば、その間、何かを犠牲にする**ことになります。

英語以外の仕事に必要な勉強や、趣味、家族や恋人や友人と過ごす時間といった、**多くの選択肢の中から英語を選び、時間とお金を英語に充てている**、ということは確かですからね。

そこで、英語学習を自己投資と捉え、投資実績を把握するために、**使ったお金と費やした時間数、そして得られたリターンを記録として残しておく**のです。学習記録とはまた違った視点で、効果を測って管理してみるのです。

投資としては、実際に学習に費やしたお金や時間だけでなく、本屋さんで教材を探す時間、TOEICのスコアをWebサイトでログインして確認して一喜一憂する時間、オンライン英会話でどの先生を選ぼうかと悩んでいる時間、それらもすべて投資対象です。

それに対しリターンとしては、まずは英語スキル。そしてお金についても、仕事で使える確かな英語スキルを身につけているならば、報酬を得られて然るべきです。

また、英語を通じて得られる価値のある体験、初めて知る新しい世界、素晴らしい出会いといった様々な出来事は、すべてリターンと考えられます。

英語学習のROI（投資対効果）

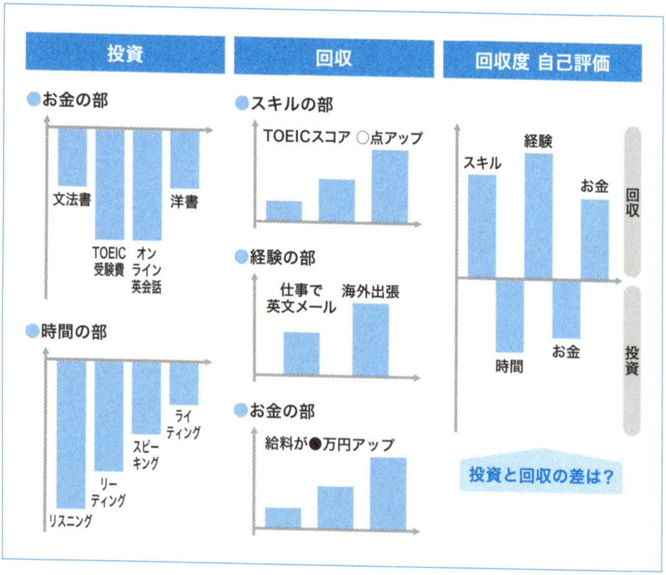

時間もお金も有限ですから、どれだけ英語学習に投資するのかという自分なりの基準を持っておくのは、大事なことです。ぜひこの考え方を取り入れてみてください。

まとめ

- 時間もお金も有限！
- 英語学習に投資した時間と費用は把握しておこう！
- リターン（身についた英語スキル、得られた経験、給与のアップなど）が、投資分を上回るように意識しよう！

英語のツワモノ揃いの中、「一番素敵！」と言われていた人の英語とは？

僕が約２年前に仕事で英語を使わせてもらうようになったときに、新しい仕事の仲間たちは、みんな英語がペラペラ、全く不自由なく英語を使いこなしている人ばかりでした。「日本にも、英語のできる人がこんなにたくさんいるのか！」と驚きました。

そんなツワモノ揃いの職場で、**「この人の英語が一番素敵」と社内外から言われていた人が２人いました。**その理由は２人とも同じでしたので、きっとこれから仕事で英語を使う人にとって大切なポイントになると思います。

２人とも、**【相手への配慮が感じられる英語】を使っていた**のです。**難しい語彙を使っているとか、綺麗な発音とか、正しい文法といった理由ではありませんでした。**

「相手への配慮」というと、「人柄や性格という持って生まれたものなのでは？」「それは英語とは関係ないのでは？」と感じられるかもしれませんね。

気配りが苦手な人もいるかもしれませんが、特に仕事では、**ビジネススキルとしての「英語を運用する技術」で十分にカバーできるのです。**

例えば、

Thank you for your cooperation.
(ご協力ありがとうございます)
Thank you for your support.
(ご支援ありがとうございます)

と表現するところにそれぞれ一言ずつ加えて、

Thank you for your **kind** cooperation.
(**親切な**ご協力ありがとうございます)
Thank you for your **continued** support.
(**継続的な**ご支援ありがとうございます)

とするだけでも、相手への配慮をより強く表せます。
　また、何度も細かい質問をする際には

Just in case,（念のため）
To clarify,（明確にするため）
To make sure,（確認のため）

とつけると角が立ちにくいです。
　また、こちらからの質問に相手がすぐ返事をくれたときには、

Thank you for your quick response.
(迅速なご返答ありがとうございます)

から始めたり、相手がこちらに迅速な回答を求めている場合（仕事ですから、ほとんどがそうですね）、

I will get back to you **once** I confirm the details.
（詳細を確認したら**すぐに**、折り返しご連絡します）

と、when やafterではなくonceを使えば、早急に対応するという姿勢が相手に伝わり、信頼度が増します。

ポイントは、配慮を表したい言葉を長々と書かずに、**「一言加える」ぐらいに留める**ことです。
「余計なものを読む時間を取らせない」という意識も、重要な「相手への配慮」ですからね。

最後に、もう1点お伝えしたいことがあります。
もし仮に、誰かがあなたに皮肉を言ったり、攻撃的な言葉を言ってきたりするようなことがあっても、あなたは**挑発には乗らず、物腰の柔らかい姿勢をキープ**するようにしてください。皮肉を言われても褒め言葉と受け取り、攻撃されてもその意味を知らないふりをし、きょとんとしていれば、不要な衝突は避けられます。その後、**何事もなかったかのように冷静に元の話に戻ればいいのです。**これも、1つの技術です。

まとめ

- 「相手への配慮が感じられる英語」を使おう！
- 気配りが苦手でも、英語を運用する技術でカバーできる！
- 仕事で英語を使うときには、どんな状況でも温和な態度をキープしよう！

忙しい人が仕事と英語学習を両立するために必要なこと

この本を読んでくださっているあなたには、きっと英語学習以外にも、仕事や家庭、趣味など、いくつものやるべきこと、やりたいことがあると思います。

学生時代は「学業が仕事」でしたが、社会人である以上、英語学習にばかりのめり込んで、肝心の仕事に支障が出てしまっては、本末転倒ですよね。

また、奥さんや旦那さん、恋人や友達との約束、子育てなども、人生においてとても大切なことですから、おろそかにはできません。

とは言え、英語学習には時間の投資が必要です。一体、どのように両立すればいいのでしょうか？

必要なことは、「切り替える。集中する」。これに尽きます。例えば、

- **朝起きて家を出るまでは、家族と過ごすことに集中する。**

  ↓切り替え
- **通勤電車の中では、英単語を覚えることに集中する。**

  ↓切り替え
- **会社に着いてからは、仕事に集中する。**

といった具合です。

１つのことをやりながら他のことも気になって、あれもこれもと考えていると、どれも中途半端になりかねません。

僕自身、以前は子どもを寝かしつけながらiPhoneで英語のニュースを読もうとしたこともありますが、結局子どもにも悪いし、英語も頭に入ってこないことに気づいてやめました。子どもが寝た後に英語を勉強するようにしたところ、何とかうまく回るようになっていったのです。

その時その時で、力と時間をかける優先度を変えて、切り替えて、集中していくのです。

このやり方のおかげで、現在僕は、会社員として企業に勤めながら、２人の子どもの父親をしながら、書籍やコラムの執筆、セミナーやイベントへの登壇、雑誌の取材対応など、様々な活動を並行して行っています。

英語学習と仕事、そして大切な人と過ごす時間との両立は、あなたが英語を使って活躍するという目標の実現と、その後の毎日をより充実したものにするのに、必要不可欠なことです。無理はせず、バランスを取りながら、一歩ずつしっかり進んでいきましょう。

まとめ

- 両立に必要なのは、切り替え！
- 仕事中は仕事、英語学習中は英語のことだけ考える！
- 目標の実現と充実した毎日のために、両立は必要不可欠！

おわりに

仕事で英語を活かすということは、誰かの役に立つということ

あなたが、**自分自身の努力によって身につけた英語を、仕事に活かす日。**

それは、**あなたの英語が誰かの役に立つ**ことを、はっきりと示す瞬間です。

もちろん仕事以外でも、道に迷っている外国人を助けてあげるなど、英語で誰かの役に立つ方法はいくつもあります。

会社では、上司やお客様が必ずしも「ありがとう」と言ってくれないかもしれません。

でも、仕事でいただくお金は、お客様や会社からの感謝の気持ちが形を変えたものです。

仕事で英語を使う間、実は毎日誰かがあなたに、そしてあなたの英語に感謝してくれているのです。

元々は、自分のスキルアップやリスクヘッジのために勉強していたかもしれない英語が、いつの間にか**多くの人のために活かされる**なんて、最高に素晴らしいことですよね。

そして、仕事で英語を使う経験は、英語のスキルも加速度的に高めていきます。

仕事に活かせる英語は、一朝一夕では身につきませんか

ら、忙しい日々の中で、時には学習が嫌になってやめてしまいたくなることもあるかもしれません。

でも､そんなときにはぜひ､このことを思い出して頑張ってください。

すぐに身につくものではないからこそ、英語を使えるようになったあなたは人材市場で重宝されるのだということも、お忘れなく。

世界には、約14億人の英語ユーザーがいて、そのうち７割にあたる約10億人が、非ネイティブだと言われています。

「仕事で英語」というとハードルが高いと感じるかもしれませんが、**本当に英語が難しくて手の届かないものなら、10億人もの非ネイティブが英語を使えるようにはなっていない**と思いませんか？

僕自身も、一緒に仕事をさせていただいたのはネイティブと非ネイティブの両方ですが、仕事上は全く問題なく進んでいくのを、目の当たりにしてきました。

年齢や環境に関係なく、英語を仕事に活かすことは可能です。

本書の学習方法と考え方をヒントにしていただき、あなたが英語学習のその先の世界で生き生きと活躍されることを、心から願っています。

本書は、多くの方々のご協力のおかげで形になりました。

新会社設立後の記念すべき第1弾の出版に際し僕を選んでいただき、素晴らしい1冊に仕上げてくださった、株式会社クロスメディア・ランゲージ代表の小野田幸子さん。本書に推薦文をいただき、その他いくつもの場面でご一緒する機会をいただいている、株式会社レアジョブ代表取締役社長CEOの加藤智久さんと、同社のすべてのスタッフの皆さん。TOEICについて丁寧で温かいアドバイスをくださった、HUMMERさんこと濵﨑潤之輔さん。応援してくださるすべての皆さん、友人、家族。

そして何より、今本書を手に取ってくださっているあなた。本当にありがとうございました。

2015年3月 嬉野克也

付録

おすすめ教材一覧

▶ スマホアプリ、Webページ

BBC NEWS

http://www.bbc.com/news/

TOEIC Presents English Upgrader+（TOEIC SQUARE内）

http://square.toeic.or.jp/kyouzai/englishupgrader/

みんなの英語学習法が集まる情報サイト　English Path（produced by レアジョブ英会話）

https://www.rarejob.com/englishpath/

▶ 洋書、英語書籍

『The 7 Habits of Highly Effective People』

（Stephen R. Covey著 / Free Press）

『ザッカーバーグ・ストーリー』

（トム・クリスティアン著／IBCパブリッシング［ラダーシリーズ］）

『スティーブ・ジョブズ・ストーリー』

（トム・クリスチャン著／IBCパブリッシング［ラダーシリーズ］）

▶ 語学書

単語

『カリスマ同時通訳者が教える ビジネスパーソンの英単語帳』

（関谷英里子著 / ディスカヴァー・トゥエンティワン）

文法

『世界一わかりやすい英文法の授業』
（関正生著 / KADOKAWA［中経出版］）

『一億人の英文法
すべての日本人に贈る「話すため」の英文法』
（大西泰斗、ポール・マクベイ著 / ナガセ［東進ブックス］）

メール

『関谷英里子の たった３文でOK!
ビジネスパーソンの英文メール術』
（関谷英里子著 / ディスカヴァー・トゥエンティワン）

会議、プレゼン

『CD BOOK 外資系の英語プレゼンテーション』
（浅見ベートーベン著 / 明日香出版社）

英文履歴書

『英文履歴書の書き方と実例集』
（田上達夫著 / ベレ出版）

TOEIC

『TOEICテスト新公式問題集』Vol.3 ～ Vol.6
（国際ビジネスコミュニケーション協会）

『新TOEIC TEST 全力特急 絶対ハイスコア』
（濵﨑潤之輔、キム・デギュン著 / 朝日新聞出版）

『TOEICテスト 一発逆転600点！』
（濵﨑潤之輔著 / KADOKAWA［中経出版］）

『新TOEICテスト990点攻略』
（濵﨑潤之輔著 / 旺文社）

英文表現

『イラストでわかる！
どんどん話すための中学英語55の定番動詞』
（有子山博美著 / KADOKAWA［中経出版］）

著者略歴

嬉野克也（うれしの・かつや）

1973年生まれ、大阪府出身。関西大学文学部卒業。

仕事ではコールセンターの管理を担当し、元々は英語をやる必要が全くなかった会社員だったが、36歳から英語学習を開始。オンライン英会話を徹底活用し、TOEICテストでも900点を突破して、日常的に仕事で英語を使うようになる。効果的な学習法とモチベーション管理法の情報をインターネットで発信し、多くの読者の支持を得る。英語学習と仕事と子育てに奮闘中。二児の父。著書に『オンライン英会話の教科書』（国際語学社）がある。

著者ウェブサイト：Twitter ID @self_agenda

http://ameblo.jp/self-agenda/

忙しい人の TOEIC®テストとビジネス英語の同時学習法

2015年3月21日　第1刷発行

著者　嬉野克也

発行者　小野田幸子

発行　株式会社クロスメディア・ランゲージ

〒151-0051 東京都渋谷区千駄ヶ谷四丁目20番3号

東栄神宮外苑ビル　http://www.cm-language.co.jp

■本の内容に関するお問い合わせ先

TEL (03)6804-2775　FAX (03)5413-3141

発売　株式会社インプレス

〒101-0051 東京都千代田区神田神保町一丁目105番地　TEL (03)6837-4635

■乱丁本・落丁本のお取り替えに関するお問い合わせ先

インプレス　カスタマーセンター　TEL (03)6837-5016　FAX (03)6837-5023

カバー・本文デザイン　竹内雄二

本文デザイン・DTP　木戸麻実

本文イラスト　村山宇希（ぽるか）

画像提供　Sergey Nivens/Shutterstock.com

英文校閲　Alex Knezo

印刷・製本　中央精版印刷株式会社

ISBN 978-4-8443-7401-5 C2082

©Katsuya Ureshino 2015

Printed in Japan

■本書のコピー、スキャン、デジタル化等の無断複製は、著作権法上での例外を除き禁じられています。本書を代行業者等の第三者に依頼して複製することは、たとえ個人や家庭内での利用であっても、著作権上認められておりません。

■乱丁本・落丁本はお手数ですがインプレスカスタマーセンターまでお送りください。送料弊社負担にてお取り替えさせていただきます。但し、古書店で購入されたものについてはお取り替えできません。